Couvertures supérieure et inférieure
en couleur

BIBLIOTHÈQUE ROSE ILLUSTRÉE

# LES
# BONS ENFANTS

PAR

M<sup>me</sup> LA COMTESSE DE SÉGUR
NÉE ROSTOPCHINE

OUVRAGE ILLUSTRÉ DE 70 VIGNETTES
PAR FOGGIO

PARIS
LIBRAIRIE HACHETTE ET C<sup>ie</sup>
79, BOULEVARD SAINT-GERMAIN, 79

PRIX : 2 FRANCS 25

# LE JOURNAL
## DE LA JEUNESSE
### NOUVEAU RECUEIL HEBDOMADAIRE ILLUSTRÉ
#### POUR LES ENFANTS DE DOUZE A QUINZE ANS

**CONDITIONS DE VENTE ET D'ABONNEMENT**

Un numéro comprenant 16 pages grand in-8 paraît le samedi de chaque semaine.

Prix de chaque année, brochée en 2 volumes : 20 fr.

Chaque semestre, formant un volume, se vend séparément : 10 fr.

Le cartonnage en percaline rouge, tranches dorées, se paye en sus par volume 3 fr.

Prix de l'abonnement pour Paris et les départements :

un an, 20 fr. ; six mois, 10 fr.

Prix de l'abonnement pour les pays étrangers qui font partie de l'Union générale des postes : un an, 23 fr. ; six mois, 11 fr.

Les abonnements se prennent du 1ᵉʳ décembre et du 1ᵉʳ juin de chaque année.

---

# MON JOURNAL
## NOUVEAU RECUEIL HEBDOMADAIRE
#### ILLUSTRÉ DE NOMBREUSES GRAVURES EN COULEURS ET EN NOIR
### A L'USAGE DES ENFANTS DE HUIT A DOUZE ANS

MON JOURNAL, à partir du 1ᵉʳ octobre 1892, est devenu hebdomadaire de mensuel qu'il était, et convient à des enfants de 8 à 12 ans.

Il paraît un numéro le samedi de chaque semaine.
Prix du numéro, 15 centimes.

**ABONNEMENTS :**

FRANCE { Six mois, 4 fr. 50 | UNION POSTALE { Six mois 5 fr. 50
        { Un an, 8 fr.                          { Un an 10 fr.

Prix de l'année 1892-1893 brochée, 8 fr. ; cartonnée avec couverture en couleurs, 10 fr.

Paris. — Imprimerie Lagny, rue de Fleurus, 9.

# LES
# BONS ENFANTS

## OUVRAGES DU MÊME AUTEUR

#### PUBLIÉS DANS LA BIBLIOTHÈQUE ROSE ILLUSTRÉE
#### PAR LA LIBRAIRIE HACHETTE ET C<sup>ie</sup>

**Un bon petit diable**; 1 vol. avec 100 gravures d'après Castelli.
**Quel amour d'enfant!** 1 vol. avec 79 gravures d'après É. Bayard.
**Pauvre Blaise**; 1 vol. avec 96 gravures d'après H. Castelli.
**Mémoires d'un âne**; 1 vol. avec 75 gravures d'après Castelli.
**Les vacances**; 1 vol. avec 36 gravures d'après Bertall.
**Les petites filles modèles**; 1 vol. avec 21 grandes grav. d'après Bertall.
**Les malheurs de Sophie**; 1 vol. avec 48 gravures d'après Castelli.
**Les deux nigauds**; 1 vol. avec 76 gravures d'après Castelli.
**Les bons enfants**; 1 vol. avec 70 gravures d'après Ferogio.
**Le général Dourakine**; 1 vol. avec 100 gravures d'après É. Bayard.
**L'auberge de l'Ange-Gardien**; 1 vol. avec 75 grav. d'après Foulquier
**La sœur de Gribouille**; 1 vol. avec 72 gravures d'après Castelli.
**La fortune de Gaspard**; 1 vol. avec 32 gravures d'après Gerlier.
**Jean qui grogne et Jean qui rit**; 1 vol. avec 70 grav. d'après Castelli.
**François le Bossu**; 1 vol. avec 114 gravures d'après É. Bayard.
**Diloy le Chemineau**; 1 vol. avec 90 gravures d'après H. Castelli.
**Comédies et proverbes**; 1 vol. avec 60 gravures d'après É. Bayard.
**Le mauvais génie**; 1 vol. avec 90 gravures d'après É. Bayard.
**Après la pluie le beau temps**; 1 vol. avec 128 grav. d'après É. Bayard.

Prix de chaque volume broché, 2 25.
Relié en percaline rouge, tranches dorées, 3 50.

### Format in-8°, broché

La Bible d'une grand'mère, avec 30 gravures............ 10 »
Évangile d'une grand'mère, avec 20 gravures............ 10 »
Les Actes des Apôtres, avec 10 gravures............... 10 »

Évangile d'une grand'mère, édition classique, in-16, cart... 1 50
La santé des enfants, in-16, broché.................... » 50

# LES
# BONS ENFANTS

PAR

M<sup>me</sup> LA COMTESSE DE SÉGUR

NÉE ROSTOPCHINE

OUVRAGE ILLUSTRÉ DE 70 VIGNETTES

PAR FEROGIO

---

DOUZIÈME ÉDITION

---

**PARIS**

LIBRAIRIE HACHETTE ET C<sup>ie</sup>

79, BOULEVARD SAINT-GERMAIN, 79

—

1896

Droits de traduction et de reproduction réservés.

À

## MES PETITS-ENFANTS

Pierre, Henri, Marie-Thérèse de Ségur,
Valentine, Louis de Ségur,
Camille, Madeleine, Louis, Gaston de Malaret,
Elisabeth, Henriette, Armand Fresneau,
Jacques, Jeanne, Marguerite, Paul de Pitray.

*Je voulais, mes chers petits-enfants, que chacun de vous eût son nom en tête d'un de mes ouvrages, mais votre nombre, toujours et rapidement croissant, a dépassé mon courage, et je vous réunis tous en une seule dédicace, qui ne sera, je l'espère, pas la dernière, quoique tous les ans je perde une année de vie, comme le dirait le bon M. de la Palisse. Encore un peu de temps, et je garderai le silence, pour cacher au public les infirmités de mon esprit; vous en serez les seuls chers petits confidents.*

*Votre grand'mère,*

Comtesse de Ségur,
née Rostopchine.

## UNE MAUVAISE PLAISANTERIE.

Plusieurs enfants jouaient dans le jardin de Mme Dupuis; il faisait beau temps, presque trop chaud.

Jacques, Louis, Nicolas et Jules se reposaient sur un banc.

Jacques s'essuyait le front avec son mouchoir; il avait bêché, arrosé, ratissé, et il se reposait en causant avec ses amis.

JACQUES.

Quelle chaleur il fait aujourd'hui! c'est presque comme en été.

LOUIS.

Nous sommes bien près de l'été.

NICOLAS.

Non, puisque nous commençons le printemps.

LOUIS.

Eh bien! est-ce que le printemps ne touche pas à l'été?

**NICOLAS.**

Oui, comme il touche à l'hiver.

**JACQUES.**

Ce n'est pas la même chose; l'hiver est en arrière, et l'été est en avant; la preuve, c'est que c'est demain le 1$^{er}$ avril.

**JULES.**

Le 1$^{er}$ avril demain! Je n'y pensais pas. C'est le jour des attrapes. Tâchons d'attraper quelqu'un.

**JACQUES.**

Pas moi d'abord. Je n'aime pas à tromper.

**JULES.**

Que tu es bête! Ce n'est pas pour tout de bon; c'est pour rire.

**NICOLAS.**

Je crois bien! J'ai joué beaucoup de tours du 1$^{er}$ avril, très drôles et très innocents.

**LOUIS.**

Quels tours as-tu faits?

**NICOLAS.**

Un jour, j'ai écrit à un vieux M. Poucque, ami de ma tante Dupont, qu'elle l'attendait pour dîner avec un missionnaire qui avait été martyrisé en Chine et qu'il désirait beaucoup connaître. Précisément, ce jour-là, 1$^{er}$ avril, ma tante dînait chez nous. Le vieux monsieur est arrivé en belle toilette; il avait pris une voiture, parce qu'il pleuvait. Le portier lui dit que ma tante était sortie; il veut monter pour l'attendre; le portier assure qu'elle doit rentrer tard dans la soirée; M. Poucque se fâche; le portier se fâche aussi;

Jacques s'essuyait le front avec son mouchoir. (Page 3.)

ils se disputent longtemps; le monsieur monte, ne trouve personne; la pluie tombait par torrents; pas de voiture pour retourner chez lui; le bonhomme est obligé de s'en aller à pied; il rentre ruisselant d'eau et fort en colère; son domestique était sorti; pas de dîner; il n'a que du pain et des confitures, et le lendemain il écrit à ma tante une lettre furieuse, à laquelle elle ne comprend rien; elle le prie de venir la voir; il lui montre sa lettre d'invitation; elle devine que c'est un tour qu'on lui a joué; ils cherchent et ne trouvent pas le coupable (car j'avais fait copier ma lettre par un de mes camarades de collège, pour qu'on ne reconnût pas mon écriture). Ma tante nous a raconté l'histoire; j'étais enchanté d'avoir si bien réussi, et voilà pourquoi je voudrais cette année-ci encore faire une attrape à quelqu'un.

LOUIS.

Tu appelles cela un tour innocent? C'est très méchant pour ce pauvre M. Poucque, qui n'a pas dîné, qui a été trempé et qui a passé une triste soirée.

JACQUES.

Sans compter qu'il est pauvre et qu'il a dépensé de l'argent pour une voiture.

NICOLAS.

Bah! bah!... On ne s'amuserait jamais si on regardait à tout.

LOUIS.

C'est que je ne trouve aucun amusement à faire de la peine à quelqu'un.

NICOLAS.

Que tu es bête! Ce n'est pas une grande peine d'être attrapé!

JACQUES.

Non, mais c'est un ennui; on est vexé de s'être laissé attraper.

JULES.

Alors tu ne veux pas m'aider à jouer un petit tour à la bonne de tes cousins Pierre et Henri? Tu sais comme elle est ennuyeuse! elle emmène toujours tes cousins au plus fort de nos jeux.

JACQUES.

Ce n'est pas pour les tourmenter; il faut qu'ils rentrent pour apprendre leurs leçons.

JULES.

Voyons! veux-tu ou ne veux-tu pas être des nôtres pour le 1$^{er}$ avril?

JACQUES.

Non, je ne veux pas.

LOUIS.

Ni moi non plus.

JULES.

Vous êtes deux nigauds; nous allons nous amuser, Nicolas et moi, et vous serez bien fâchés d'avoir refusé.

JACQUES.

Nous nous amuserons de notre côté, et bien plus que vous, car nous ferons du bien en tâchant de déjouer vos tours.

NICOLAS.

C'est ce que nous verrons, monsieur. Quand je

m'y mets, il n'est pas facile de m'empêcher de faire ce que je veux.

JACQUES.

Tant pis pour toi si tu veux le mal. »

En disant ces mots, Jacques se leva ainsi que Louis, et ils recommencèrent leurs travaux de jardinage.

Nicolas et Jules reprirent leurs vestes et s'en allèrent pour comploter le tour dont ils avaient parlé.

# LE 1ᵉʳ AVRIL

PIERRE, huit ans. — HENRI, six ans. — LA NOURRICE de Pierre, restée comme bonne près des enfants.

(*La chambre des enfants : Pierre se lève; Henri se détire et reste près de sa cuvette sans y toucher.*)

LA NOURRICE.

Allons, mes enfants, dépêchez-vous, nous sommes en retard.

HENRI, *bâillant*

J'ai encore sommeil. C'est si ennuyeux de se laver!

PIERRE, *riant*.

Tu dis tous les jours la même chose.

HENRI, *avec vivacité*.

Je dis la même chose

parce que c'est tous les jours la même chose; il faut se lever, se laver, s'habiller. Crois-tu que ce soit amusant?

PIERRE.

On dirait que tu es le seul. Je le fais bien, moi, tous les jours, et je ne grogne pas comme toi.

HENRI.

D'abord, toi tu es vieux; ainsi ce n'est pas étonnant.

PIERRE.

Non, je ne suis pas vieux; mais je suis raisonnable, tandis que tu ne l'es pas, toi.

HENRI.

Tu es raisonnable parce que papa dit que tu as l'âge de raison; sans cela tu ne le serais pas. »

Pierre rit, la nourrice rit, Henri se fâche; ses grands yeux noirs commencent à briller; ses joues rougissent, il regarde Pierre et la nourrice avec un air de lion en colère; la nourrice ne rit plus et arrête l'explosion en disant :

« Voyons, voyons; nous perdons tous notre temps; Mlle Albion va venir pour les leçons, et aucun de vous ne sera prêt. Vite, Pierre; vite, mon petit Henri; finissez de vous débarbouiller et de vous habiller. »

Pan, pan, on frappe à la porte.

LA NOURRICE.

Qu'est-ce que c'est? Entrez.

UN DOMESTIQUE.

C'est le déjeuner des enfants, et une lettre pour vous, nourrice.

LA NOURRICE.

Bien ; donnez. Pendant que les enfants déjeuneront, je lirai ma lettre. »

La nourrice aide les enfants à s'habiller ; elle verse le chocolat dans les tasses, les pose sur la table, met une chaise devant chaque tasse. Les enfants font leur prière et se mettent à table.

Après avoir rangé dans la chambre, la nourrice ouvre la lettre, lit quelques lignes, pousse un cri et tombe dans un fauteuil. Les enfants se précipitent vers elle et lui demandent avec anxiété ce qu'elle a. La nourrice sanglote et ne peut répondre. Henri se jette sur la nourrice en pleurant et en la serrant dans ses bras. Pierre court chez sa maman ; il arrive pâle et suffoquant.

LA MAMAN.

Pierre, mon cher enfant ! qu'est-ce que tu as ?

PIERRE.

Maman, maman, venez vite chez ma nourrice ; on lui a apporté une lettre ; quand elle l'a eu lue, elle est tombée dans un fauteuil en sanglotant, et elle ne nous parle pas.

LA MAMAN.

Quelque malheur, sans doute, qu'on lui annonce.

PIERRE.

C'est peut-être un de ses enfants qui est mort.

LA MAMAN.

Ou bien son mari. Allons la voir et tâchons de la consoler.

PIERRE.

Je vais prendre de la fleur d'oranger pour lui en faire boire quelques gouttes.

LA MAMAN.

Que peut faire la fleur d'oranger contre un chagrin? La meilleure consolation sera de lui témoigner notre amitié.

PIERRE.

C'est vrai, maman; pourtant, Henri l'embrasse, et cela ne la console pas.

LA MAMAN.

Non, pas dans le premier moment; mais, plus tard, ce sera un grand soulagement à sa peine. »

Ils arrivent chez la nourrice; elle sanglote toujours en embrassant Henri, qui pleure autant qu'elle.

LA MAMAN.

Vous avez donc reçu une bien triste nouvelle, pauvre nourrice? Est-ce de votre mari, de vos enfants?

LA NOURRICE, *sanglotant*.

Non, madame,... C'est..., c'est... de mon père.

LA MAMAN.

Votre père est-il malade?

LA NOURRICE.

Non,... madame,... c'est... ma mère.

PIERRE, *avec émotion*.

Ta mère est malade?

LA NOURRICE.

Morte, mon enfant! Morte en deux heures, d'une attaque d'apoplexie. »

Les deux enfants poussent un cri et pleurent tous deux. La maman cherche à consoler la nourrice et les enfants.

LA MAMAN.

Ma pauvre nourrice, il faut remercier le bon Dieu de vous avoir donné la consolation de passer quinze jours avec elle tout dernièrement et de l'avoir vue se confesser et communier le dimanche qui a précédé votre départ. Pieuse comme elle l'était, vous êtes certaine de son bonheur; elle est avec le bon Dieu, la sainte Vierge et les anges, et elle remercie Dieu de l'avoir retirée de ce monde.

LA NOURRICE.

C'est vrai, madame, mais c'est tout de même bien triste pour moi de ne plus la revoir.

LA MAMAN.

Pas dans ce monde, nourrice, mais dans l'autre! toujours, pour ne plus la quitter.

LA NOURRICE.

C'est tout de même bien triste. Et mes pauvres enfants qui l'aimaient tant!

LA MAMAN.

Ils vont rester avec leur grand-père et leur tante.

HENRI, *sanglotant*.

Quel malheur que ce ne soit pas le beau-père de nourrice qui soit mort! elle n'aurait pas pleuré alors. »

La nourrice ne put s'empêcher de sourire malgré son chagrin; elle embrassa tendrement le bon petit Henri.

### HENRI.

Console-toi, ma chère nourrice, je te donnerai toutes mes pièces d'argent.

### LA NOURRICE.

Ce n'est pas cela qui me consolera, mon cher petit.

### HENRI.

Et puis je t'achèterai du pain d'épice, tu sais, ce pain d'épice que tu aimes tant,... et puis je te donnerai..., je te donnerai.... Quoi donc? ajouta-t-il en regardant autour de lui avec angoisse. Je n'ai rien,... rien que des joujoux.

### LA MAMAN.

Donne-lui ton cœur, mon Henri; c'est ce que tu pourras lui donner de plus agréable.

— Mon cœur? dit Henri en déboutonnant son habit et en ouvrant sa chemise. Mais comment faire? il me faudrait un couteau.

— Mon cher petit, dit la maman en souriant et le prenant dans ses bras, ce n'est pas le cœur qui bat dans ta poitrine que je veux dire, mais la tendresse de ton cœur, ton affection. »

La nourrice embrassa aussi en souriant ce bon petit Henri, qui avait été prêt à se laisser ouvrir la poitrine pour consoler sa nourrice.

Pierre, pendant ce temps, avait réfléchi au moyen d'adoucir un chagrin qui l'affligeait profondément, et il avait trouvé.

« Nourrice, dit-il, j'ai cinq francs, je ferai dire cinq messes pour ta pauvre mère, et nous irons prier pour elle, afin qu'elle soit bien heureuse près du bon Dieu.

« Console-toi, ma chère nourrice, je te donnerai toutes mes pièces d'argent. »

LA NOURRICE.

Merci, mon ami; j'accepte ton offre si madame veut bien le permettre, car mon deuil va m'enlever tout ce que j'ai d'argent, et....

LA MAMAN.

Ne vous inquiétez pas de votre deuil, nourrice, je le payerai en entier; gardez votre argent pour vos enfants.

LA NOURRICE.

Madame est bien bonne; ce sera un grand soulagement pour moi. »

La maman resta encore quelque temps avec la nourrice, qui continuait à pleurer, mais avec plus de calme. Elle se retira ensuite dans sa chambre; Pierre l'accompagna; Henri ne voulut pas quitter sa nourrice, qu'il cherchait à consoler par tous les moyens possibles; il répétait souvent :

« Quel dommage que ce ne soit pas ton beau-père qui soit mort! Si j'avais été le bon Dieu, j'aurais fait mourir ton beau-père et j'aurais fait vivre ta mère jusqu'au jour où nous mourrions tous ensemble. C'est ça qui eût été bien, n'est-ce pas, nourrice? »

La nourrice souriait à travers ses larmes, embrassait Henri et pleurait toujours; le pauvre enfant se désolait et ne savait qu'imaginer pour la distraire. Sa maman vint le chercher pour laisser la nourrice sortir et acheter son deuil. Il alla s'asseoir dans la chambre de sa maman et la regarda ranger des affaires qui étaient en désordre. Quand elle voulut remettre en place les différents objets qu'elle avait retirés des armoires et de la commode, elle chercha vainement un châle et une robe en laine noire.

« C'est étonnant, dit-elle, que je ne les trouve pas! Je viens de les poser sur le canapé avec mes autres effets.

HENRI.

Que cherchez-vous, maman?

LA MAMAN.

Un châle et une robe noirs; je ne peux pas les trouver.

HENRI.

C'est moi qui les ai pris, maman.

LA MAMAN.

Toi? Où les as-tu mis? Pourquoi les as-tu pris?

HENRI.

Je les ai portés dans la chambre de nourrice, maman. Vous ne les mettez jamais : alors j'ai pensé que vous n'en aviez pas besoin et que cela ferait grand plaisir à ma pauvre nourrice.

LA MAMAN.

C'est précisément pour elle que je les cherchais, mon petit Henri; c'est très bien à toi de vouloir la consoler par tes présents, mais tu n'aurais pas dû prendre mes affaires sans ma permission.

HENRI.

Je vais aller les chercher et je vous les rapporterai, maman; seulement j'aurais été bien content de les donner à nourrice, parce que j'ai remarqué que lorsqu'on lui donnait quelque chose, ça la consolait beaucoup.

LA MAMAN.

Laisse-les chez elle, puisque tu les y as portés, mon enfant; je voulais les lui donner, ce sera toi qui les donneras, car tu en as eu, comme moi, la pensée. »

Le visage d'Henri devint radieux.

PIERRE.

Maman, nous allons dîner aujourd'hui chez

Henri portant un châle et une robe à sa nourrice.

grand'mère?

LA MAMAN.

Oui, mon ami, vous dînerez avec vos cousins et cousines.

HENRI.

Moi, je n'irai certainement pas.

PIERRE.

Et pourquoi cela?

HENRI.

Parce que ce n'est pas un jour à s'amuser aujourd'hui. Je resterai avec ma nourrice.

PIERRE.

Mais nourrice viendra avec nous; tu sais qu'elle vient toujours avec nous chez grand'mère.

HENRI.

Oui, mais pas aujourd'hui; elle a trop de chagrin pour voir rire et jouer.

PIERRE.

Au contraire, ça la distraira, elle ne pensera pas à sa mère pendant qu'elle s'occupera de nous

HENRI.

Tu crois? Alors j'irai; mais avant je lui demanderai si elle aime mieux venir chez grand'mère ou rester avec moi à la maison.

LA MAMAN.

Je suis sûre, chère enfant, qu'elle aimera mieux vous accompagner tous les deux que de te priver du plaisir que tu te promettais de dîner avec tes cousins et cousines. Mais j'approuve beaucoup le sacrifice que tu voulais faire et qui prouve ton bon cœur. »

Peu de temps après, la nourrice rentra; Henri lui donna, de la part de sa maman, le châle et la robe qu'il avait portés par avance dans sa chambre, et lui demanda si elle voulait qu'il restât à dîner avec elle.

HENRI.

Vois-tu, ma pauvre nourrice, tu es triste; cela te fera de la peine de voir jouer et rire les autres. Je voudrais bien ne pas jouer ni rire et rester près de toi, mais j'ai peur de ne pas pouvoir; je rirai malgré moi en voyant rire les autres.

LA NOURRICE, *l'embrassant*.

Cher, excellent enfant, tu joueras et tu riras avec les autres; ce sera pour moi une distraction et un plaisir que de vous voir vous amuser.

HENRI.

Oh! merci, nourrice! Je suis content, très content que cela t'amuse. Je vais courir le dire à maman et à Pierre.

« Maman, cria Henri tout essoufflé en entrant dans la chambre de sa mère, j'irai dîner chez grand'mère avec Pierre; nourrice veut bien venir; elle veut que je joue; elle dit que de nous voir rire et jouer cela la consolera, au lieu de lui faire du chagrin.

LA MAMAN.

J'en étais bien sûre; alors votre journée est arrangée : vous irez vous promener à deux heures après vos leçons; vous reviendrez à quatre heures faire vos devoirs; à six heures vous irez dîner chez votre grand'mère, et le soir nous irons chez votre tante de Rouville.

PIERRE, *entrant*.

Maman, voici Mlle Albion qui vient nous donner notre leçon.

HENRI.

Ah! mon Dieu! et moi qui n'ai pas appris ma fable et les mots anglais.

PIERRE.

Voilà ce que c'est; tu remets toujours au dernier moment. Si tu avais appris tes leçons hier, en même temps que moi, tu les saurais comme moi.

HENRI.

Est-ce que je pouvais savoir que ma pauvre nourrice aurait du chagrin? Comment veux-tu que je le devine?

PIERRE.

Tu ne pouvais pas deviner cette chose-là; mais tu aurais pu croire à une autre chose.

HENRI.

Quoi? Quelle chose?

PIERRE.

Je n'en sais rien; c'était toujours plus sûr d'apprendre tes leçons hier au soir. Tu vas être en pénitence, à présent.

HENRI, *pleurant*.

Ce n'est pourtant pas ma faute si je n'ai pas eu le temps ce matin. »

La maman ne disait rien; elle faisait semblant de ne point entendre et continuait à se coiffer.

Mlle Albion entre; c'est une grande Anglaise à longues dents; elle salue, dit bonjour aux enfants et prend sa place à la table de travail; Pierre présente bravement ses cahiers, que Mlle Albion examine.

MADEMOISELLE ALBION.

Très bien! Very well, my dear. Et vous, my little Henry, quoi vous avez eppris?

HENRI, *pleurant*.

Je ne sais rien; je n'ai pas eu le temps.

MADEMOISELLE ALBION.

Oh! fy! mister Henry! Comment! vous avez eu pas le temps? Oh! mister Henry! Shocking, shock-

ing! Vous méritez un pénitence, et je demande à
medem votre mama que vous dînez tout seul dans
votre appertement.

**HENRI,** *sanglotant et courant à sa maman.*

Maman, maman, Mlle Albion ne veut pas que je
dîne chez grand'mère; elle veut que je dîne tout
seul. Ce n'est pas ma faute, ce n'est pas ma faute!

**LA MAMAN,** *embrassant Henri.*

La punition ne serait pas juste, mademoiselle;
Henri aurait appris ses leçons sans un malheur
imprévu arrivé à la nourrice de Pierre et qui l'a
empêché de s'occuper d'autre chose que du chagrin de la nourrice.

**MADEMOISELLE ALBION.**

Pourtant, medem, mister Piére a tout fait ses
devoirs, et je pense mister Henry povait parfaitement faire le sien. Mon opinion est qu'il fallait un
pénitence.

**LA MAMAN.**

Soyez sûre, mademoiselle, que s'il fallait une
pénitence, je ne m'y opposerais pas; mais il n'en
faut pas, et je vous prie de n'y plus penser.

**MADEMOISELLE ALBION.**

Very well, medem; c'est votre volonté. Seulement, je croyais qu'un pénitence fait toujours bien
aux enfants.

**LA MAMAN.**

Quand elle est juste, c'est possible; autrement,
elle fait plus de mal que de bien.

**PIERRE.**

Maman a bien raison; une pénitence injuste ou

trop forte met en colère et donne envie de mal faire pour se venger.

MADEMOISELLE ALBION.

Hooo! Quoi vous feriez donc à votre frère, alors?

PIERRE.

Je ne ferais rien du tout, parce qu'il n'a rien fait de mal.

MADEMOISELLE ALBION, *piquée*.

Very well, mister Pière; vous jugez comme une étourneau. »

Pierre allait répondre; mais la maman lui imposa silence et pria Mlle Albion de commencer la leçon. Les enfants travaillèrent très bien. Dans les moments de repos, Henri courait chez la nourrice pour voir si elle pleurait. Il était heureux quand il la trouvait calme et occupée à son ouvrage du matin; quand il la voyait triste, il cherchait à la consoler par ses caresses et par des projets riants pour l'avenir.

Les leçons finies, Mlle Albion mit son châle et son chapeau, salua et sortit; le déjeuner était servi; les enfants étaient sérieux et mangeaient à peine. Ils allaient se lever de table quand la porte s'ouvrit, et Jacques et Louis entrèrent précipitamment avec leur bonne. Ils jetèrent un regard sur leurs cousins, virent leurs visages tristes et les yeux d'Henri rouges encore des larmes qu'il avait répandues.

« Qu'est-ce que tu as? Pourquoi as-tu pleuré, Henri? Pourquoi êtes-vous tristes tous les deux? dit Jacques avec vivacité.

PIERRE.

Parce que la pauvre nourrice a perdu sa mère.

LOUIS.

Perdu sa mère? Comment l'a-t-elle su? Qui le lui a annoncé?

PIERRE.

C'est par une lettre de son père, qu'elle l'a appris ce matin.

JACQUES.

Je parie que ce n'est pas vrai. C'est une méchanceté de Jules et de Nicolas.

LA MAMAN.

Jacques, mon enfant, ce que tu dis là n'est pas bien. Comment Jules et Nicolas auraient-ils inventé une méchanceté pareille.

LOUIS.

Justement, ma tante, nous venions vous dire qu'ils ont parlé hier d'un tour à jouer à la pauvre nourrice; ils appellent cela un poisson d'avril, et nous avons refusé de le faire avec eux.

LA MAMAN.

Mais pourquoi auraient-ils causé un si grand chagrin à la nourrice, qui ne leur a jamais rien fait?

JACQUES.

Ils veulent la punir d'avoir emmené mes cousins des Tuileries à l'heure où l'on joue le mieux.

LA MAMAN.

Ce serait abominable. Venez chez la nourrice, mes enfants; je verrai si la lettre est marquée de la poste de Meaux, où demeure son père. »

Les enfants courent en avant; la maman les suivit plus lentement.

HENRI, *essoufflé*.

Nourrice, nourrice, donne-nous vite la lettre. Jacques et Louis disent que ce n'est pas vrai; que c'est Jules et Nicolas qui sont des méchants.

LA NOURRICE.

Quoi, pas vrai? Comment, méchants?

HENRI.

Tu vas voir, tu vas voir; ta mère n'est pas morte; je te dis que c'est Jules et Nicolas. »

La nourrice devint pâle et tremblante; elle tira avec peine de sa poche la lettre fatale, que saisit Pierre pour la passer à sa maman, qui venait d'entrer. La maman regarda l'adresse; c'était le timbre de Paris. Elle ouvrit avec précipitation, et vit en haut de la lettre 1ᵉʳ AVRIL en gros caractères, et au-dessous, au lieu de MEAUX : CRACSHOPRIE.

« C'est une attrape! s'écria Mme d'Arcé avec indignation; une méchante et misérable attrape! Nourrice, votre mère n'est ni morte ni malade. Jacques et Louis viennent nous prévenir que Jules et Nicolas se proposaient de vous faire une méchanceté pour le 1ᵉʳ avril; et, en effet, la voilà, abominable et noire comme le cœur de ces malheureux enfants. »

La nourrice ne pouvait en croire ses oreilles; elle voulut voir la lettre, mais ses mains tremblaient si fort qu'il lui fut impossible d'en lire un mot. Les enfants riaient et sautaient; ils embrassaient la nourrice, leur maman, leurs cousins. La nourrice commençait à se remettre de son saisissement. Le visage de Mme d'Arcé exprimait une vive indignation.

« Ces enfants seront punis de leur méchante action ! Ils l'auront bien mérité, dit-elle avec calme et force.

PIERRE.

Comment seront-ils punis, maman?

MADAME D'ARCÉ.

Tu verras; vous assisterez tous à leur punition.

LOUIS.

Quand cela, ma tante?

MADAME D'ARCÉ.

Ce soir, mon enfant, à la réunion qui aura lieu chez votre tante de Rouville.

JACQUES.

Que ferez-vous, ma tante?

MADAME D'ARCÉ.

Tu le sauras ce soir; en attendant, racontez-moi bien en détail comment vous avez appris le projet de ces mauvais garçons. »

Louis et Jacques racontèrent la conversation de la veille, sans oublier l'histoire de M. Poucque. Nous verrons avec les enfants quelle fut la punition de Jules et de Nicolas.

## LA SOIRÉE DU POISSON D'AVRIL.

Madame de Rouville avait invité plusieurs de ses neveux et nièces et quelques-uns de leurs amis pour passer la soirée du 1ᵉʳ avril. Jacques, Louis, Jules et Nicolas, Pierre et Henri étaient au nombre des invités. Camille et Madeleine de Rouville préparaient de quoi amuser leurs cousins et amis. Sophie et Marguerite, leurs amies les plus intimes, les aidaient.

CAMILLE.

Assez d'images, Sophie; tu en couvres toute la table.

### SOPHIE.

Les images les amuseront beaucoup; il n'y en a jamais trop.

### MARGUERITE.

Mais si! il y en a trop quand c'est trop.

### SOPHIE

Cela est parfaitement vrai, mais je dis qu'il n'y en a pas trop.

### MARGUERITE.

Tu vois bien qu'il n'y a de place pour rien mettre.

### SOPHIE.

Que veux-tu mettre de plus?

### MARGUERITE.

Des livres, des couleurs, des dominos, des jonchets, des cartes, des ballons, des volants, des raquettes, des....

### SOPHIE, *d'un air moqueur*.

Des provisions, des affaires de toilette, des lits, des....

### MARGUERITE.

Du tout, mademoiselle; moi, je dis des choses raisonnables, et vous, vous dites des bêtises.

### CAMILLE.

Au lieu de vous disputer, aidez-nous à tout ranger; j'entends mes cousins qui montent. »

En effet, Pierre, Henri, Jacques et Louis entrèrent en courant; ils embrassèrent leurs cousines après avoir dit bonjour à leur tante et à leur oncle.

### JACQUES.

Qu'est-ce que vous faites? Pourquoi arrangez-vous tout cela?

MADELEINE.

Pour vous amuser tous ce soir.

LOUIS.

Ah bah! nous nous amuserons à jouer à colin-maillard, à cache-cache, à d'autres jeux courants ; c'est bien plus amusant.

— C'est vrai! c'est vrai! » s'écrièrent ensemble Camille, Madeleine, Sophie et Marguerite.

D'autres enfants arrivèrent, et parmi eux Jules et Nicolas, qui regardèrent d'un air méchant Pierre et Henri. Louis et Jacques avaient déjà raconté aux Tuileries le mauvais tour qu'on avait joué le matin à la pauvre nourrice de Pierre et de Henri, mais sans dire que les coupables étaient Jules et Nicolas, car Mme d'Arcé lui avait défendu de les nommer. Tous les enfants qui avaient bon cœur furent indignés de la méchanceté de cette attrape ; ils en parlaient devant Jules et Nicolas, sans remarquer leur embarras et leur silence. Le soir, les papas et les mamans avaient abandonné aux enfants le grand salon et la salle à manger, et s'étaient mis à l'abri du tapage dans un plus petit salon.

Au plus fort des jeux, la porte de l'antichambre s'ouvre à deux battants ; un domestique annonce : « Monsieur le commissaire de police! » Les jeux cessent ; les enfants se groupent au fond de la salle à manger ; Jules et Nicolas se placent prudemment derrière tout le monde.

Le commissaire de police tenait une lettre à la main. Il regarde les enfants d'un air sévère, s'avançant vers eux.

« Lequel de vous, dit-il, a écrit la lettre que je tiens à la main?

— C'est celle qui a tant fait pleurer ma nourrice ce matin, dit Pierre reconnaissant la lettre.

HENRI.

Et moi aussi, elle m'a fait pleurer très longtemps.

— Voyons, voyons la lettre! » dirent les enfants s'approchant du commissaire de police.

Jules et Nicolas seuls restaient près du mur et paraissaient terrifiés.

« Savez-vous, mes enfants, qui a écrit cette lettre?

— Je ne sais pas! » s'écrièrent les enfants en chœur.

Jacques et Louis ne disaient rien.

« Voilà deux petits messieurs bien gentils qui doivent savoir quelque chose, dit le commissaire. Approchez, mes petits messieurs. »

Louis et Jacques s'approchèrent sans crainte, car ils se sentaient innocents.

« Connaissez-vous ces deux messieurs qui se tiennent collés contre le mur là-bas, comme s'ils voulaient y entrer? »

Jacques se retourna, sourit et répondit :

« C'est Jules et Nicolas de Bricone.

— Ne serait-ce pas eux qui auraient écrit cette lettre? Ils ont l'air de coupables qui craignent la prison! »

Louis et Jacques ne répondirent pas.

« Vous ne voulez pas accuser ces messieurs;

Un domestique annonce : « M. le commissaire de police. » (Page 33.)

c'est généreux à vous, mes enfants, mais votre générosité ne les sauvera pas, s'ils sont coupables. Approchez, messieurs Jules et Nicolas de Bricone », ajouta le commissaire d'une voix forte et sévère.

Jules et Nicolas approchèrent lentement; leurs dents claquaient, leurs jambes pliaient sous eux, ils tremblaient de tous leurs membres.

« Lequel de vous a écrit cette lettre?
— C'est Jules, dit Nicolas.
— C'est Nicolas, dit Jules.
— C'est-à-dire que c'est tous deux. Et vous croyez qu'il est permis de prendre une fausse signature, d'annoncer une fausse nouvelle qui devait affliger profondément la malheureuse femme à laquelle vous l'écriviez; vous croyez qu'il est permis d'exercer sa méchanceté sans en être puni? La loi vous condamne à être jugés comme porteurs de fausses nouvelles, et vous irez en prison pour y attendre votre jugement.

— Grâce, pardon, monsieur le commissaire! s'écrièrent Jules et Nicolas en tombant à genoux devant lui.

— Grâce! c'est Nicolas qui m'a conseillé.
— Grâce! c'est Jules qui m'y a engagé.
— Méchants et lâches, dit le commissaire avec dégoût; vous faites le mal ensemble et vous vous accusez l'un l'autre.... Les juges démêleront lequel des deux est le plus coupable; quant à moi, j'ai ordre de vous emmener en prison et je vais chercher mes sergents de ville. Attendez-moi ici et ne

cherchez pas à vous sauver : je saurai bien vous attraper. »

Le commissaire sortit, laissant Jules et Nicolas dans un affreux désespoir ; ils se roulaient à terre, ils poussaient des cris lamentables, qui attirèrent bientôt les pères et les mères. M. et Mme de Bricone, voyant leurs fils dans l'état de désolation où les avait laissés le commissaire, s'approchèrent d'eux, les relevèrent et demandèrent aux autres enfants ce qui était arrivé. Au lieu de témoigner de l'inquiétude et du chagrin de la menace du commissaire, ils regardèrent en souriant les personnes qui étaient restées au fond du salon. M. de Bricone dit avec calme :

« Voilà ce que c'est de faire des méchancetés ; on est toujours puni. M. Poucque a aussi porté plainte contre vous, car il a fini par vous découvrir ; ce sera encore une mauvaise affaire pour vous.

— Papa, papa, protégez-nous, secourez-nous ! Je ne recommencerai plus ! je le jure ! s'écria Jules en joignant les mains et le visage baigné de larmes.

— Ni moi non plus, jamais ! jamais ! reprit Nicolas en sanglotant.

— Est-ce bien vrai ? Votre repentir est-il sincère ?

— Bien sincère, bien vrai, papa. Oh ! papa, sauvez-nous !

— Voyons, je vais tâcher d'arrêter tout cela. Rentrons à la maison ; j'irai ensuite chez le commissaire, et j'espère qu'il ne sera plus question de cette terrible affaire. »

M. et Mme de Bricone emmenèrent Jules et

Nicolas, tremblants encore, mais plus rassurés. Quand ils furent partis, Mme d'Arcé dit aux enfants :

« Eh bien! mes enfants, comment trouvez-vous mon poisson d'avril? Jules et Nicolas ne sont-ils pas bien punis du leur?

PIERRE.

Comment, maman, le commissaire?...

MADAME D'ARCÉ.

N'est pas un commissaire, mais un ami de Mme de Rouville qui a bien voulu nous aider à punir une méchante action.

HENRI.

Et les sergents de ville qu'il a été chercher?

MADAME D'ARCÉ.

Ne viendront pas, car il ne les a pas appelés.

CAMILLE.

Et M. et Mme de Bricone savaient tout cela?

MADAME D'ARCÉ.

Certainement; nous étions tous dans le secret; je ne me serais pas permis de faire jouer une scène pareille sans l'assentiment de M. et Mme de Bricone et des personnes ici présentes.

MADELEINE.

Est-ce que Jules et Nicolas sauront que c'est un poisson d'avril?

MADAME D'ARCÉ.

On le leur dira demain seulement.

MADAME DE ROUVILLE.

A présent, mes enfants, reprenez vos jeux en attendant le souper »

Mais les enfants avaient été si impressionnés par la visite du prétendu commissaire et le désespoir de Jules et de Nicolas, qu'ils préférèrent causer de cette aventure plutôt que se livrer à des jeux bruyants. Après bien des réflexions, des récits de diverses méchancetés des deux coupables et des espérances de leur changement, ils se rendirent à l'appel de leurs mamans pour manger des crèmes, des gelées, des glaces, des gâteaux, et ils se retirèrent ensuite pour se coucher et rêver au poisson d'avril de Mme d'Arcé.

## MOYEN NOUVEAU

### POUR TEINDRE EN NOIR UN MOUTON.

AMAN, dit Arthur, âgé de six ans, voulez-vous me donner de la couleur noire?

LA MAMAN.

Certainement non; tu vas faire des taches partout et tu saliras tes mains et tes habits.

ARTHUR.

Oh non! maman, je vous assure; je ferai bien attention, je ne salirai rien du tout.

LA MAMAN.

Pourquoi veux-tu avoir de la couleur noire?

ARTHUR.

Pour m'amuser, maman; pour peindre.

LA MAMAN.

On ne peint pas avec du noir, c'est très laid; tu

as une boîte de couleurs, des pinceaux, du papier, tu n'as pas besoin d'autre chose pour peindre.

ARTHUR.

Mais, maman....

LA MAMAN, *impatientée*.

Laisse-moi lire, et va t'amuser avec ton frère. »

Arthur sort à pas lents; il arrive dans la chambre à côté, où l'attendait son frère Léonce.

LÉONCE (*huit ans*).

Eh bien! as-tu du noir?

ARTHUR.

Je n'ai rien du tout; maman n'a pas voulu m'en donner.

LÉONCE.

Comment allons-nous faire? Il nous en faut pourtant, et beaucoup.

ARTHUR.

Si nous demandions à Sophie?

LÉONCE.

Sophie ne pourra pas nous donner de la couleur; elle n'en a pas plus que nous.

ARTHUR.

Non, mais elle a des idées; elle inventera quelque chose.

LÉONCE.

Je veux bien; vas-y, toi; je vous attendrai ici pour répondre à maman si elle demande ce que nous faisons. Va doucement; ouvre les portes sans faire de bruit. »

Arthur sort sur la pointe du pied; il entre chez sa sœur Sophie, âgée de sept ans; il la trouve occupée à laver sa poupée à grande eau ; l'eau coule partout ; ses manches et sa robe sont mouillées.

« Pst ! pst ! Sophie ?

SOPHIE, *se retournant.*

Quoi ? quoi ? Tu m'as fait peur : j'ai cru que

Sophie était occupée à laver sa poupée à grande eau.

c'était maman ou ma bonne.

ARTHUR.

Chut !... Parle plus bas. Léonce te fait demander si tu as de la couleur noire.

SOPHIE.

Non, je n'en ai pas. Pour quoi faire de la couleur noire ?

###### ARTHUR.

Pour teindre notre gros mouton, qui est si blanc qu'il se salit toujours.

###### SOPHIE.

Tiens, tiens, tiens! c'est une bonne idée, cela; ce sera très amusant, et le mouton sera bien plus joli; d'abord c'est très rare un mouton noir.

###### ARTHUR.

Mais c'est que nous n'avons pas de couleur, malheureusement; et je viens te demander comment faire pour avoir du noir.

###### SOPHIE, *réfléchissant.*

Comment faire? Attends, que je pense un peu.... J'ai une idée! Prenons l'encrier et versons l'encre sur le mouton.

###### ARTHUR.

Ce ne sera pas assez un encrier; ce mouton est si grand!

###### SOPHIE.

Eh bien! nous prendrons la bouteille d'encre qui est dans le cabinet de maman.

###### ARTHUR.

Bravo! très bien! Viens avec moi, mais tout doucement, pour que maman ne nous entende pas. »

Arthur et Sophie vont dans le cabinet prendre la bouteille d'encre et arrivent sur la pointe des pieds près de Léonce, qui attendait avec impatience le résultat de la conférence.

###### LÉONCE.

Eh bien! avez-vous trouvé quelque chose?

ARTHUR.

Tiens! une bouteille d'encre. C'est Sophie qui en a eu l'idée.

LÉONCE.

Excellente idée! Vite, commençons. Avec quoi allons-nous mettre l'encre sur le mouton?

SOPHIE.

En la versant tout doucement sur la tête, sur le dos, partout, il sera teint parfaitement, nous étalerons avec nos mains.

LÉONCE.

C'est ça. Toi Arthur, et toi Sophie, vous étalerez l'encre, et moi je la verserai avec précaution. »

Léonce commence à verser; il verse trop fort, l'encre coule sur le tapis. Sophie et Arthur en remplissent leurs mains, leurs habits; il saute même des éclaboussures sur leurs visages. Léonce rit. Sophie se fâche et applique sa main pleine d'encre sur le visage de Léonce, qui se fâche à son tour et lance de l'encre au visage de Sophie; Arthur veut arracher la bouteille des mains de Léonce; en se débattant, Léonce jette de l'encre de tous côtés : le tapis, les rideaux, les meubles, tout est taché. Ils se disent quelques injures à voix basse : « Méchant! vilaine! sotte! imbécile! » Le mélange des voix irritées et des mouvements violents des trois combattants fait un bruit étrange qui attire l'attention de la maman.

« Que vous arrive-t-il, mes enfants? crie la maman, de la chambre à côté. Quel bruit vous faites! on dirait que vous vous livrez bataille. »

Aucun des enfants ne répond, mais tous restent immobiles, regardant avec effroi leurs habits tachés, leurs visages et leurs mains noircis, et les traces d'encre dont ils sont entourés.

« Eh bien! qu'y a-t-il donc? dit la maman en entrant; est-ce que vous...? »

Elle aperçoit les dégâts commis et reste stupéfaite. La surprise lui coupe la parole.

« Ah! ah! dit-elle, voilà une jolie occupation! Tous mes meubles tachés, des rideaux pleins d'encre; des mains et des visages de nègres. Très bien!... Vous resterez à dîner comme vous êtes; votre oncle et votre tante de Mocqueux, qui viennent dîner avec nous, s'amuseront beaucoup de cette teinture. Et quant aux dégâts, ils seront réparés en partie avec l'argent de vos étrennes et celui que je vous donne pour vos semaines. Pendant trois mois vous n'aurez pas un sou. »

La maman appelle la bonne.

« Tâchez, lui dit-elle, de nettoyer les taches d'encre que ces petits mauvais sujets ont faites partout; et, quant à eux, vous les laisserez sales comme ils sont pour dîner. »

Les enfants pleurent; la maman se retire sans les regarder; la bonne les gronde et se moque d'eux, tout en lavant à l'eau de savon les rideaux, les meubles, le tapis : elle a beau laver, frotter, les taches restent très visibles.

« Il faudra changer les rideaux et recouvrir les meubles, dit-elle. Vous avez eu là une belle idée tous les trois!

# LES BONS ENFANTS

LÉONCE.

Ce n'est pas nous, c'est Sophie.

SOPHIE.

Je ne l'aurais certainement pas eue si Arthur

Il verse trop fort, l'encre coule sur le tapis. (Page 45.)

n'était venu me la demander.

ARTHUR.

C'est Léonce; il a voulu teindre le mouton; je n'y pensais pas.

LÉONCE.

C'est toi qui as voulu demander à Sophie comment faire.

SOPHIE.

C'est toujours Léonce qui a des idées bêtes et qui nous appelle à son secours.

LÉONCE.

Et c'est toujours toi qui as des idées absurdes qui nous font punir.

SOPHIE.

Pourquoi les trouves-tu si bonnes et les acceptes-tu, si elles sont absurdes?

LÉONCE.

Parce que je n'ai pas le temps de réfléchir; si tu me donnais seulement deux minutes pour y penser, je verrais que tu n'inventes et que tu ne fais que des bêtises.

SOPHIE.

Alors tu es un imbécile qui demande conseil à une bête et qui fait toujours ce que la bête lui conseille.

LÉONCE.

Non, mademoiselle, je ne suis pas un imbécile; je suis trop bon, voilà tout.

SOPHIE.

Trop bon! ah! ah! Voilà un reproche que tu es seul à t'adresser : personne ne t'accusera d'être trop bon. Tu es méchant comme une gale; demande à Arthur.

LÉONCE.

Méchante gale toi-même! demande à Arthur.

SOPHIE, *vivement.*

Arthur, est-ce que je suis méchante?

ARTHUR.

Non, pas du tout; tu es seulement trop vive.

LÉONCE.

Arthur, n'est-ce pas que je ne suis pas méchant?

ARTHUR, *embarrassé*.

Je n'en sais rien; comment veux-tu que je le sache?

SOPHIE, *triomphante*.

Ce qui veut dire que tu es méchant et qu'il n'ose pas te le dire. Ah! ah! ah! tu as l'air vexé, mon bonhomme. C'est bien fait, c'est bien fait. »

Et Sophie se met à danser, en battant des mains, autour de Léonce, qui, rouge et furieux, cherche à lui donner une tape. Sophie, leste et légère, l'évite toujours; Arthur s'est retiré prudemment dans un coin, près de la porte, qu'il entr'ouvre afin de pouvoir se sauver, dans le cas où Léonce voudrait l'attaquer. Celui-ci se fâche de plus en plus, et, ne pouvant atteindre Sophie, il lui lance des livres, des cahiers, des boîtes, tout ce qu'il peut attraper; Sophie se baisse, se sauve, se retourne toujours à temps pour éviter le coup et continue à se moquer de Léonce en lui faisant des cornes. Le bruit qu'ils font attire la maman, le papa et deux autres personnes qui sont dans le salon. A l'aspect de ces visages barbouillés de noir, l'un riant et l'autre animé par la colère, le troisième effrayé et à demi caché par la portière, tout le monde part d'un éclat de rire. Les enfants s'arrêtent; le rouge de la honte paraît sous l'encre dont ils sont noircis. Arthur s'esquive le premier : Sophie manœuvre habilement pour gagner aussi la porte; Léonce veut faire de même, son père le saisit par le bras.

« Halte-là, mon cher! lui dit-il, tu répondras pour tous : d'abord parce que tu es l'aîné; ensuite parce que tu dois être le plus coupable, puisque Arthur avait l'air effrayé comme un lièvre ; Sophie riait et paraissait se moquer de toi, tandis que toi, tu avais la mine d'un chat fâché.

LÉONCE.

Mais, papa....

LE PAPA.

Chut! je ne te demande pas de m'expliquer l'affaire; je t'ordonne de réparer le désordre de la chambre et de tout mettre en place.

LÉONCE.

Mais, papa....

LE PAPA.

Tais-toi! Ramasse tout ce qui est par terre et mets tout en ordre. Quand tu auras fini, tu iras te débarbouiller et changer d'habits.

LA MAMAN.

Je leur avais donné pour pénitence de dîner sales et noircis comme ils sont.

LE PAPA.

Chère amie, je demande grâce, pas pour eux, mais pour moi et mes amis. Ils font mal au cœur à regarder : il nous serait impossible de dîner avec de pareils teinturiers à nos côtés ou en face de nous.

LA MAMAN.

Si c'est pour nous, je veux bien qu'on les nettoie. Allez, monsieur Léonce, allez vous débarbouiller et vous habiller, et dites à votre bonne qu'elle en fasse autant pour Sophie et Arthur. »

Léonce avait fini de tout ramasser et tout ran-

LES BONS ENFANTS

ger; il alla chez sa bonne, où étaient Sophie et Arthur.

« Ma bonne, dit-il d'un air triomphant, donne-

Ne pouvant atteindre Sophie, il lui lance des livres. (Page 49.)

moi bien vite de l'eau tiède, du savon, du linge et des habits propres.

LA BONNE.

Votre maman m'a dit de vous laisser dîner tous trois sales comme vous êtes, vous le savez bien.

LÉONCE.

Oui, mais papa a dit qu'il ne voulait pas, que cela lui ferait mal au cœur parce que j'étais près de lui à table; alors maman a dit que tu me laves et m'habilles.

SOPHIE.

Moi et Arthur aussi alors?

LÉONCE.

Non, vous dînerez sales comme vous êtes.

SOPHIE.

Pourquoi donc nous et pas toi?

LÉONCE.

Parce que je suis près de papa et que vous êtes plus loin.

SOPHIE.

Mais il nous verra tout comme toi.

LÉONCE

Enfin, c'est comme ça. Papa l'a dit. »

Sophie et Arthur pleurent à demi; ils s'affligent davantage à mesure que Léonce devient blanc et propre. Léonce les regarde d'un air moqueur. La bonne a pitié des pauvres petits et gronde Léonce de ses airs triomphants et narquois. L'heure du dîner sonne, le valet de chambre vient chercher les enfants pour dîner. Léonce s'avance le premier, gaiement. Tous trois rentrent au salon, où se trouvaient leur oncle, leur tante et deux amis. Surprise générale à l'aspect de Sophie et d'Arthur changés en nègres.

LE PAPA.

Dans quel état vous présentez-vous ici, mes enfants? Pourquoi ne vous êtes-vous pas lavés!

LÉONCE, *les yeux baissés.*

Parce que maman l'avait défendu.

Le valet de chambre vient chercher les enfants.

LA MAMAN.

Mais j'avais fait dire par Léonce que votre papa désirait que vous fussiez lavés.

SOPHIE.

Léonce a dit que c'était lui seulement, et que moi et Arthur nous devions rester sales.

LA MAMAN.

Qu'est-ce que c'est que cela, monsieur Léonce ? Pourquoi avez-vous fait ce mensonge ?

LÉONCE, *très embarrassé*.

Mais..., mais... j'ai cru..., je n'ai pas compris....

LE PAPA, *sévèrement*.

Vous avez très bien compris, monsieur ; et moi aussi, je comprends très bien que vous êtes un méchant garçon, que vous avez voulu vous venger de je ne sais quoi que j'ignore, sur votre frère et votre sœur ; mais votre méchanceté sera punie. »

Le papa tire le cordon de la sonnette ; un domestique entre.

LE PAPA.

Envoyez-moi tout de suite la bonne des enfants. »
La bonne arrive.

LE PAPA.

Emmenez les trois enfants, Gertrude ; débarbouillez et habillez au plus vite Sophie et Arthur, et envoyez-les-nous pour dîner. Vous garderez Léonce, qui dînera dans sa chambre, de soupe, de bœuf et de pain tant qu'il en voudra. Il restera chez lui toute la soirée. »

Ce fut au tour de Léonce de pleurer. Sophie et

Arthur avaient un peu pitié de leur frère, tout en se disant qu'il avait mérité la punition. Ils se laissèrent laver et habiller en silence; en s'en allant, Sophie dit tout bas à Léonce :

« Je t'apporterai mes gâteaux et mon dessert.

— Merci, Sophie, répondit Léonce ; tu es bonne. »

Effectivement Sophie réussit à glisser dans sa poche deux gâteaux, une orange mandarine, une pomme d'api et des fruits confits. Elle crut que personne ne l'avait vue faire, et s'applaudit de son habileté. Après le dîner, elle s'esquiva du salon pour aller voir Léonce et lui porter ce qu'elle avait pu lui garder. Léonce la remercia, l'embrassa et mangea avec grand plaisir le dessert de Sophie; il voulait au moins partager avec elle, mais elle refusa, en disant qu'elle avait beaucoup mangé et qu'elle n'avait plus envie de rien.

Quand Sophie rentra au salon, son papa l'appela.

« Sophie, tu as oublié ton dessert sur la table, le voilà en entier : mandarine, pomme, fruits confits, tu n'as rien mangé.

SOPHIE, *étonnée*.

Mon dessert? Comment, mon dessert? Mais je l'ai eu à table.

LE PAPA.

Tu l'as eu et tu l'as mangé?

SOPHIE.

Je l'ai eu, papa; bien sûr, je l'ai eu.

LE PAPA, *souriant*.

Et tu l'as mangé? »

SOPHIE, *embarrassée*.

Papa,... il est mangé; oui, il est mangé.

LE PAPA.

C'est toi qui l'as mangé? »

Sophie est de plus en plus embarrassée; elle ne veut pas mentir, elle ne veut pas dire qu'elle l'a donné à Léonce. Elle reste rouge et muette.

LE PAPA.

Ce n'est pas pour te reprocher l'usage que tu as fait de ton dessert, ma chère enfant, que je t'adresse ces questions, mais pour m'assurer de ta bonne action. Je me doutais que tu avais porté à Léonce ce que tu enfournais si habilement dans ta poche. C'est bon et généreux à toi. Je n'ai pas voulu que tu fusses privée de ton dessert, et j'ai fait apporter ce qui t'en revenait. Mange-le, mon enfant, et sois toujours bonne et généreuse comme tu l'as été ce soir. Tu n'en seras pas toujours récompensée en ce monde, mais le bon Dieu, qui voit tout, répandra sur toi ses bénédictions et t'aidera de plus en plus à devenir meilleure. »

Sophie remercia et embrassa son papa, qui la serra tendrement dans ses bras et qui lui remit l'assiette de dessert; elle la reçut et en mangea le contenu avec un double plaisir.

## LE MAUVAIS CONSEIL.

Quelques jours après, une tante qu'Arthur aimait beaucoup lui donna un joli petit chien blanc à long poil et à moustaches. Arthur courut bien vite montrer son petit chien à Sophie et à Léonce; Sophie fut enchantée, et Léonce fut mécontent, parce qu'il était jaloux.

LÉONCE.

Je ne sais pas pourquoi ma tante t'a donné ce chien, à toi qui ne sauras pas le soigner.

ARTHUR.

Je le soignerai très bien; aussi bien que toi.

LÉONCE.

Tu ne sauras seulement pas le mener promener.

ARTHUR.

Ce n'est pas difficile, nous l'emmènerons avec nous aux Tuileries.

LÉONCE.

Et qu'en feras-tu pendant que tu joueras?

ARTHUR.

Il jouera avec nous.

LÉONCE.

Comment? tu le feras courir, sauter à la corde, jouer au cerceau?

SOPHIE.

Mais non; que tu es bête! Pendant que nous courrons, il l'attachera à une chaise près de ma bonne.

LÉONCE.

Bête toi-même, avec tes inventions sottes

SOPHIE.

Tu ne m'as pas trouvée bête le jour où je t'ai apporté mon dessert, que tu as mangé comme un gourmand.

LÉONCE.

Puisque tu me l'avais apporté, c'était pour me le faire manger probablement.

SOPHIE.

Je ne dis pas non, mais je dis que ce n'était pas bête. D'ailleurs, pourquoi te fâches-tu parce que ma tante a donné ce chien à Arthur et pas à toi! Tu peux t'en amuser tout comme je ferai, moi.

LÉONCE.

Ah! par exemple! si tu crois que je suis jaloux de ce beau présent; que j'aurais voulu avoir cet ennuyeux animal : tu te trompes bien, je t'assure.

SOPHIE.

Alors pourquoi grognes-tu?

LÉONCE.

Je ne grogne pas, mademoiselle; vous ne savez ce que vous dites.

ARTHUR, *interrompant.*

Et comment l'appellerons-nous? Il faut lui donner un nom.

SOPHIE.

C'est vrai! Appelle-le Blanchet.

LÉONCE.

Comme c'est commun, Blanchet! Ah! ah! ah! que c'est laid! que c'est bête!

SOPHIE, *vivement.*

Et comment veux-tu qu'on l'appelle? Azor, Médor, Castor? c'est bien plus commun!

LÉONCE, *d'un air moqueur.*

Appelez-le Laidronnet, il sera bien nommé.

SOPHIE.

Non, monsieur; il est charmant et il ne sera pas Laidronnet. Arthur, appelle-le Joliet.

ARTHUR.

Je ne peux pas; ma cousine Berthe a un chien qui s'appelle Joliet.

SOPHIE.

C'est vrai? Alors..., alors... je ne sais pas, moi, dis toi-même; tu ne trouves rien?

ARTHUR.

Si je l'appelais Bijou?

SOPHIE.

Très bien, très bien! Bijou, Bijou, viens, mon petit chéri, viens que je t'embrasse. »

Bijou, qui dormait sur les genoux d'Arthur, ne

bougeait pas. Sophie le caressa tout doucement, baisa ses petites pattes roses, et proposa à Arthur de le coucher dans le lit de sa poupée. Ils l'emportèrent chez leur bonne; Arthur le posa doucement dans le petit lit, et Sophie le couvrit avec la couverture de sa poupée. Léonce les suivit en se moquant d'eux et se mit à faire du bruit en renversant les chaises et les joujoux.

SOPHIE.

Finis donc, Léonce; tu vas l'éveiller!

LÉONCE.

Le grand malheur quand il s'éveillerait! »

Et il redoubla son tapage, secouant les casseroles et la vaisselle de Sophie, et battant du tambour d'Arthur. Sophie se jeta sur la boîte de ménage pour la lui arracher. Arthur saisit son tambour, Léonce leur distribua quelques tapes. Sophie et Arthur se mirent à crier; Bijou s'éveilla et, voyant une bataille, s'élança sur Léonce et lui mordit les jambes; Léonce lui donna des coups de pied, qui heureusement ne l'atteignirent pas, mais qui le rendirent plus furieux; il se mit à japper, à se jeter sur son ennemi, qui commençait à avoir peur et à se sauver derrière les meubles; Sophie et Arthur battaient des mains et riaient aux éclats en criant :

« C'est bien fait! Cela t'apprendra à réveiller Bijou! »

La bonne, trouvant Léonce assez puni, se plaça devant lui et chercha à calmer Bijou. Il se laissa prendre; mais, aussitôt que Léonce faisait mine de bouger, il montrait les dents et recommençait à japper. Enfin, Léonce parvint à s'échapper. Quand il fut en sûreté :

« Maudit animal, s'écria-t-il, je me vengerai ; tu payeras ta méchanceté. »

Le lendemain, en ramenant Bijou des Tuileries

Il battait du tambour.

où les enfants l'avaient conduit en laisse, Arthur s'aperçut que les pattes, le ventre et la queue du petit chien étaient pleins de boue.

« Comme c'est ennuyeux qu'il soit blanc! dit-il. Si, du moins, ses poils n'étaient pas si longs, il se salirait bien moins! Comment faire pour l'empêcher de se salir? »

Léonce, qui se trouvait tout seul avec lui, sourit d'un air malicieux.

« Écoute, dit-il, j'ai remarqué que ce qu'on brûlait devenait noir. Le bois brûlé est noir, le papier brûlé est noir, le bouchon brûlé est noir. Il me semble que tu pourrais essayer....

— De brûler mon pauvre Bijou? s'écria Arthur. Certainement non, je ne le ferai pas; je ne le veux pas.

LÉONCE.

Est-ce que je te dis de le brûler, nigaud? Je sais bien que si tu le brûles, il sera mort.

ARTHUR.

Alors, à quoi sert ce que tu dis?

LÉONCE.

A te donner un bon conseil, tu vas voir. Il faut seulement brûler le bout de ses poils; rien que le bout, pour que ses poils soient plus courts et noirs. Ça ne peut pas lui faire de mal, cela, puisque tu ne laisseras brûler que le bout, absolument le bout des poils. »

Arthur était indécis; il ne savait s'il devait ou non suivre le conseil de Léonce. Il regardait Bijou, qui dormait sur ses genoux.

« Pauvre petit, dit-il, si cela te brûlait trop fort!

— C'est impossible, puisque j'éteindrai aussitôt que tu auras allumé le bout des poils. »

Et pour achever de décider Arthur, il lui présenta une boîte d'allumettes qui était sur la cheminée.

« Voyons, dépêche-toi; maman ou ma bonne vont entrer, et Bijou restera sale; il faudra le laver, le peigner, ce qui l'ennuie et l'enrhume; et ce sera ta faute, tu le vois bien. »

Arthur, convaincu par les raisonnements de Léonce et désirant épargner un ennui à son petit favori, prit l'allumette des mains de Léonce, la fit flamber en frottant sur le couvercle de la boîte,

« Il faut seulement brûler le bout de ses poils. »

et l'approcha de Bijou endormi; en une seconde, le malheureux chien fut tout en feu; les poils de son corps flambaient de tous côtés; il s'éveilla en hurlant et chercha à s'élancer à terre; mais Arthur, effrayé, veut éteindre le feu et le retient dans ses bras. Bijou se débat, se jette à terre et tombe, heureusement pour lui, dans une petite baignoire pleine d'eau que la bonne avait préparée pour faire un savonnage. Le feu s'éteint aussitôt; Bijou sort de la baignoire tout fumant, se secouant et criant encore un peu.

Mais ce fut au tour d'Arthur de crier; le feu avait pris à son tablier pendant qu'il retenait dans ses bras Bijou enflammé; ses manches, son pantalon commençaient à brûler et à pétiller; ses bras et ses cuisses commençaient à griller. La bonne accourut à ses cris. Le voyant en flammes, elle le saisit et le plongea dans la baignoire qui avait déjà sauvé Bijou. Le feu s'éteignit immédiatement, mais les bras et les cuisses avaient quelques brûlures. La bonne les bassina avec de l'eau-de-vie et les enveloppa de ouate imbibée d'eau-de-vie, ce qui enleva promptement la douleur et empêcha les cloches et les plaies.

Léonce s'était échappé au premier cri de Bijou et d'Arthur; il rentra dans sa chambre, effrayé de ce qu'il avait fait, et craignant que sa vengeance contre Bijou ne tournât contre lui-même, ce qui ne manqua pas d'arriver. Arthur raconta en pleurant à sa bonne ce que lui avait dit Léonce; elle devina la méchante intention de ce mauvais garçon. Quand le papa et la maman rentrèrent, ils furent désolés en apprenant l'accident qui aurait pu devenir si terrible. Le papa fit venir Léonce; il entra et resta tremblant à la porte en voyant le visage sévère de son père.

« Approchez, monsieur.... Plus près, plus près. »

Elle le plongea dans la baignoire.

Léonce avança avec une frayeur qui ne fit aucune pitié à son père.

LE PÈRE.

Pourquoi avez-vous donné à votre frère un conseil qui pouvait causer la mort de son chien et peut-être la sienne?

LÉONCE.

Je ne savais pas, papa.... Je croyais qu'on pouvait..., qu'il éteindrait..., qu'il soufflerait....

LE PÈRE.

Vous ne saviez pas que le feu brûlait? Vous ne saviez pas qu'une fois allumés, les poils de Bijou ne s'éteindraient pas, et que votre frère était trop jeune pour pouvoir les éteindre? »

Léonce ne répondit pas; il baissa de plus en plus sa tête tremblante, et comprit qu'il ne pouvait pas échapper à la punition qu'il avait méritée.

Son père le regarda quelques instants en silence.

« Monsieur, dit-il enfin, votre sœur et votre frère souffrent sans cesse de votre méchanceté, de votre jalousie, de votre basse envie. Vos tours deviennent trop dangereux pour que je puisse vous laisser vivre près d'eux. Allez dans votre chambre et restez-y. Je vous emmènerai demain pour vous mettre dans un collège où vous serez sévèrement tenu et surveillé. Allez. »

Léonce se retira sans répondre; en rentrant dans sa chambre, il se mit à pleurer amèrement.

« Dans un collège! Mon Dieu! mon Dieu! serai-je malheureux! Tout seul, sans amis, avec des maîtres sévères! »

Et Léonce sanglotait si bruyamment, que Sophie l'entendit de sa chambre. Inquiète du chagrin de son frère, qu'elle aimait malgré ses fréquentes méchancetés, elle courut vers lui pour savoir la cause de sa douleur.

Léonce ne l'entendit pas et ne la vit pas entrer; la tête cachée dans ses mains, il gémissait et pleurait, ne songeant qu'à son malheur.

Sophie s'approcha, lui passa le bras autour du cou et lui dit d'une voix tremblante d'émotion :

« Mon pauvre Léonce, qu'as-tu donc pour pleurer si fort? »

Léonce leva la tête, et, apercevant les yeux de Sophie pleins de larmes, il en fut touché; il lui rendit ses baisers et lui répondit à travers ses sanglots :

« Sophie, Sophie, je suis malheureux! Je serai bien plus malheureux. Papa veut m'emmener demain pour me mettre au collège. »

Sophie poussa un cri.

SOPHIE.

Au collège! Pauvre Léonce! Que vas-tu devenir avec ces méchants maîtres qui ne cesseront de te gronder et de te punir, et des méchants camarades qui ne penseront qu'à te tourmenter? Va vite demander pardon à papa. Dis que tu ne le feras plus.... Et qu'as-tu fait? ajouta Sophie par réflexion.

LÉONCE.

J'ai conseillé à Arthur d'allumer les poils de Bijou pour les raccourcir et les noircir, et ils ont manqué de brûler tous les deux.

## LES BONS ENFANTS

SOPHIE, *se reculant.*

C'était toi!... C'est méchant, cela! c'est vrai!... Ce pauvre Arthur a les bras et le dessus des cuisses tout grillés.... Et le pauvre petit Bijou est affreux, il a l'air d'un lièvre cuit.

LÉONCE.

Est-ce qu'Arthur a bien mal?

SOPHIE.

Non, il ne souffre pas depuis que ma bonne lui a mis du coton trempé dans de l'eau-de-vie; seulement, il se désole d'avoir rendu Bijou si laid.

LÉONCE.

Il est donc réellement bien laid?

SOPHIE.

Affreux, affreux! Si tu le voyais, tu ne pourrais pas t'empêcher de rire. Il a un air si piteux, si maigrelet! il est d'une si drôle de couleur! Ha! ha! ha! je lui ai ri au nez quand je l'ai revu. Arthur n'était pas content; il disait que je devais pleurer. J'ai essayé; pas moyen! Je riais malgré moi; j'ai pourtant fini par pleurer, mais c'était à force de rire. Je ne savais pas que c'était toi qui avais donné ce beau conseil à Arthur. Sais-tu que c'est réellement méchant? Tu savais bien que le feu brûlerait.

LÉONCE.

Je le sais bien, que j'ai été méchant. Mais je t'assure que je ne le serai plus. Je t'en prie, je t'en prie, dis-le à papa. Demande-lui pardon pour moi. Dis-lui que je ne recommencerai jamais. »

Et Léonce se mit de nouveau à pleurer.

Sophie, attendrie, lui promit de demander grâce à son papa, et le quitta en courant pour chercher son père.

Il n'était pas dans sa chambre ni au salon; alors elle retourna chez sa bonne, pensant qu'il était avec Arthur. Elle l'y trouva effectivement, et, se jetant dans ses bras :

« Papa, je vous en prie, je vous en supplie, dit-elle, pardonnez au pauvre Léonce; il pleure, il est désolé; il ne sera plus jamais méchant; il me l'a bien promis. Ne le mettez pas au collège, papa; je vous en prie, mon cher papa, laissez-le avec nous.

ARTHUR.

Vous voulez mettre Léonce au collège, papa? Oh! pauvre Léonce! S'il va au collège, je serai malheureux comme lui, je pleurerai toujours.

LE PÈRE.

Mes pauvres enfants, Léonce a déjà fait plusieurs méchancetés; celle d'aujourd'hui est plus forte que les autres; tu aurais pu brûler tout entier; le bon Dieu a permis que ta bonne se soit trouvée là, que la baignoire se soit trouvée pleine d'eau, qu'elle ait eu l'heureuse pensée de te jeter dedans; mais je ne veux pas vous laisser exposés à de pareils dangers, et je veux éloigner celui qui vous y expose. »

Arthur et Sophie continuèrent leurs supplications avec une telle insistance et avec un tel chagrin, que le papa, à moitié vaincu, leur promit d'aller parler à Léonce.

« Si je le trouve vraiment repentant, comme tu

le dis, Sophie, je vous promets de le laisser à la maison près de vous ; mais s'il recommence, je ne lui fais plus de grâce ; il ira au collège à la première méchanceté, quelque légère qu'elle soit. »

Le papa quitta les enfants après les avoir embrassés, et entra chez Léonce, qu'il trouva pleurant toujours, les yeux bouffis, le visage gonflé de larmes.

Léonce se leva à son approche, et, tombant à genoux aux pieds de son père, il le supplia, dans les termes les plus touchants, de pardonner à son repentir.

« Papa, je me repens ; bien réellement, bien sincèrement, je me repens. Je sais combien j'ai été méchant ; pourtant je ne croyais pas que le pauvre Arthur pût être brûlé ; j'ai pensé que Bijou serait un peu brûlé ; croyez-moi, papa, je dis la vérité ; je vous assure que si j'avais deviné le mal que j'ai fait à Arthur, je ne lui aurais pas donné ce mauvais conseil. J'étais en colère contre Bijou, qui m'avait mordu la veille : c'est de lui que j'ai voulu me venger. Et de cela aussi je me repens. Je vois combien j'ai été méchant pour ce pauvre chien, que je n'aimais pas parce que j'étais jaloux que ma tante l'eût donné à Arthur plutôt qu'à moi.

LE PÈRE.

Elle a eu bien raison, ta tante ; elle sait qu'Arthur est bon et que toi tu es méchant.

LÉONCE.

Oh oui ! papa, c'est bien vrai. Arthur et Sophie sont bons, très bons, cent fois meilleurs que moi, et ma tante a bien raison de les aimer mieux que moi.

LE PÈRE.

Ta tante t'aimera tout autant si tu mérites d'être aimé. Je veux bien croire à ton repentir; mais durera-t-il? Ne recommenceras-tu pas tes méchancetés envers Sophie et Arthur?

LÉONCE.

Non, non, papa. Croyez-le. Je ne recommencerai pas, parce que je suis trop reconnaissant de leur bonté; je sais que ce sont eux qui ont demandé grâce pour moi, Sophie m'a quitté pour cela après avoir cherché à me consoler. Je ne serai plus jaloux d'eux, parce que je sens trop bien qu'ils sont meilleurs que moi; et alors je n'aurai plus que de l'affection pour eux, et je ne chercherai pas à leur faire du mal.

— A cette condition, je veux bien te pardonner, mon ami, dit le papa en relevant Léonce resté à genoux devant lui. Qu'il ne soit plus question du passé; prouve-moi que j'ai eu raison de te pardonner, en changeant tout à fait de sentiments, et en devenant bon frère et bon enfant. Prie le bon Dieu qu'il t'aide à ce changement, et demande-lui bien pardon de ta journée d'aujourd'hui.

LÉONCE.

Oh oui! papa, aujourd'hui et tous les jours je lui demanderai de m'aider à devenir bon comme Sophie et Arthur. Merci, papa, merci; vous êtes bien bon aussi et vous me rendez bien heureux.

LE PÈRE.

Et toi, à ton tour, tu me rends heureux, cher enfant, en me promettant de te corriger avec l'aide du bon Dieu, car sans lui nous ne pouvons rien faire; mais prions-le, il nous écoutera. »

Léonce se jeta dans les bras de son père, qui l'embrassa tendrement en signe de réconciliation parfaite; il le mena dans la chambre de Sophie et d'Arthur, qui attendaient avec anxiété le résultat de la visite de leur père.

« Je vous amène un collégien qui a fini sa pénitence, dit-il en souriant; un frère tout changé. Contrairement à Bijou, qui est devenu noir de blanc qu'il était, Léonce nous revient blanc comme un lis, de noir qu'il était; il reconnaît ses torts, si bien, si sincèrement et si humblement, que je suis persuadé qu'il n'y retombera pas.

SOPHIE.

Non, non, il n'y retombera pas; il sera un bon et excellent frère, que nous aimons beaucoup et que nous aimerons énormément, n'est-ce pas, Léonce?

— Je tâcherai d'être bon comme vous, dit Léonce attendri.

LE PÈRE.

Très bien, mon ami. Je vous laisse pour porter la bonne nouvelle à votre maman, qui s'afflige et qui croit que Léonce doit partir demain. »

Quand les enfants furent seuls, Sophie sauta au cou de Léonce, qui fondit en larmes.

SOPHIE.

Quoi donc? Qu'as-tu encore? Tu n'as donc pas

entendu que papa t'a pardonné tout à fait? De quoi as-tu peur?

LÉONCE.

Je pleure de joie, ce n'est pas de peur. Je suis touché de la bonté de papa et de la vôtre, Sophie et Arthur. Ce pauvre Arthur, au lieu d'être bien aise de me voir punir, a demandé grâce pour moi; cela me fait pleurer d'attendrissement.

ARTHUR.

Comment aurais-je pu être assez méchant pour me réjouir de ton chagrin, mon pauvre Léonce?

LÉONCE.

C'est pourtant ce qui m'est arrivé bien des fois quand j'étais jaloux de vous et que je cherchais à me venger de ce que j'étais mauvais quand vous étiez bons.

SOPHIE.

Tu étais jaloux de nous? Oh! que c'est drôle! Je ne m'étais donc pas trompée quand je disais que tu étais jaloux de ce que ma tante avait donné Bijou à Arthur et pas à toi?

LÉONCE.

Non, tu ne te trompais pas; c'est pour cela que j'ai pris en grippe le pauvre Bijou.

ARTHUR.

Mais, à présent que tu n'es plus jaloux, tu ne le détesteras plus, et tu ne lui feras plus de mal?

LÉONCE.

Non, non, je te le promets.

— Alors je peux le tirer de sa cachette », dit Arthur enchanté.

Et il alla vers son armoire, l'ouvrit; Bijou en sortit tout joyeux.

En le voyant si noir et si laid, Sophie se mit à rire, Arthur lui-même ne put s'empêcher de sourire : Léonce seul resta sérieux et pensif.

SOPHIE.

Tu ne le trouves pas drôle et affreux?

LÉONCE.

Affreux, oui; mais drôle, non; car je pense que c'est moi qui suis cause de sa laideur.

— Viens, mon pauvre Bijou, viens dire bonjour à ton nouveau maître, dit Sophie en menant Bijou vers Léonce. N'aie pas peur; il ne te fera pas de mal. »

Le pauvre chien, sans rancune, vint lécher la main que lui tendait son ancien ennemi. Léonce, touché de cette caresse, le prit dans ses bras, l'embrassa à plusieurs reprises et lui promit un des petits gâteaux ou biscuits qu'il devait avoir pour son dessert.

Depuis ce temps, Léonce devint l'ami et le protecteur de Bijou, et l'ami le plus dévoué de Sophie et d'Arthur; aux Tuileries il ne songeait qu'à les protéger contre les exigences et les vivacités de leurs camarades plus âgés; plus d'une fois il soutint des combats pour les défendre; un jour il ne craignit pas d'attaquer un grand et gros garçon de douze ans qui voulait, par pur caprice, mettre Arthur hors du jeu. Léonce combattit si vaillamment, que les autres garçons, qui avaient commencé par rire et regarder la bataille, s'indignèrent de la lâcheté du grand qui assommait Léonce de ses gros poings et de ses gros pieds ; ils se jetèrent entre les combattants et donnèrent une bonne rossée au grand garçon, dont le nom était Justin. Ils félicitèrent Léonce de son courage, ainsi qu'Arthur, qui, tout petit qu'il était, était accouru au secours de son frère ; tous deux avaient reçu plusieurs coups de poing et coups de pied. Leurs camarades les portèrent en triomphe tout autour du cercle de leurs jeux ; ils chassèrent Justin de leur société, le déclarèrent banni à tout jamais. Justin, furieux, alla se proposer à un autre cercle, composé de tous les querelleurs, batailleurs, vauriens, chassés des autres jeux. Celui dans lequel se trouvaient Léonce et Arthur prit le nom de cercle des *Vrais Français*, et celui de Justin fut connu sous celui de *Bersaglieri*. Jamais ils ne se mêlaient dans leurs jeux. Il arriva quelquefois que les *Bersaglieri* cherchèrent à provoquer les *Vrais Français* par des injures et des mottes de terre lancées dans les groupes. Mais les *Vrais Français* dédaignaient ces insultes, faisaient les cornes à leurs ennemis et continuaient leurs jeux, protégés par les gardiens des Tuileries, qui les reconnaissaient à leur docilité et à leur politesse.

Sophie était seule dans sa chambre, assise sur une chaise basse; devant elle était une table, et sur cette table deux livres, un cahier de papier rayé, une plume et un encrier. Sophie ne lisait pas, elle n'écrivait pas; elle restait devant sa table les bras croisés, des larmes dans les yeux. La porte de la chambre s'entr'ouvrit; une jolie tête blonde se fit voir, Sophie se retourna et reconnut sa cousine Valentine; mais elle ne lui parla pas et resta tristement sur sa chaise.

« Tu ne me reconnais donc pas? dit Valentine entrant tout à fait.

— Oui, je te reconnais; mais je ne peux pas bouger, répondit tristement Sophie.

VALENTINE.

Pourquoi cela?

SOPHIE.

Parce que ma maîtresse m'a ordonné de rester là jusqu'à ce que j'eusse fini ma leçon.

VALENTINE.

En as-tu encore beaucoup à faire?

SOPHIE.

Je crois bien; je n'ai pas seulement commencé!

VALENTINE.

Oh! que c'est ennuyeux! Commence vite, pour finir vite, et puis nous irons jouer.

SOPHIE.

Je ne peux pas finir, car j'en ai trop à faire.

VALENTINE.

Il faut pourtant que tu finisses.

SOPHIE.

Non, parce que je ne commencerai pas. Il y a plus d'une demi-heure que je suis ici.

VALENTINE.

Mais tu ne peux pas rester toute la journée assise devant ton cahier à ne rien faire.

SOPHIE.

Il le faut bien, puisque j'en ai trop à écrire et à apprendre par cœur.

VALENTINE.

Écoute, fais-moi voir ce que ta maîtresse t'a laissé à faire.

SOPHIE.

Tiens, regarde. Dix grandes lignes à apprendre par cœur, et puis il faut que je les écrive d'une écriture soignée. Et encore des chiffres auxquels je ne comprends rien.

VALENTINE.

Tu trouves que c'est beaucoup? Moi, qui ai sept ans, comme toi, on m'en donne bien plus, et je le fais pourtant. Montre-moi ce que tu dois apprendre par cœur. »

Si j'étais roi, disait Gros-Jean à Pierre,
Si j'étais roi, voici ce que je ferais, moi :
J'aurais un cheval avec deux panaches
Pour mieux garder mes moutons et mes vaches,
Si j'étais roi, si j'étais roi.

Si j'étais roi, lui répondit Gros-Pierre,
Si j'étais roi, voici ce que je ferais, moi :
J'adoucirais le sort de mon vieux père,
Je donnerais du pain blanc à ma mère,
Si j'étais roi, si j'étais roi.

VALENTINE, *lisant*.

« C'est très joli, cela, et très amusant à apprendre; moi, on me donne des choses bien plus ennuyeuses et difficiles, car je n'y comprends rien. Essaye, tu vas voir comme tu le sauras vite.

SOPHIE.

Non, je ne veux pas; je ne le saurais jamais.

VALENTINE.

Je t'en prie, Sophie, essaye un peu. Je t'aiderai, veux-tu? Je te ferai répéter. Commence..... « Si « j'étais roi....

SOPHIE.

Et à quoi cela m'avancera-t-il de le savoir, puisque je dois encore l'écrire après?

VALENTINE.

Cela t'avancera beaucoup, car, à mesure que tu sauras une phrase, tu l'écriras, ce qui fait que tu ne l'oublieras plus.

SOPHIE.

Comment? je ne sais pas faire cela.

VALENTINE.

Tu vas voir. Commençons.... « Si j'étais roi.... » Répète donc : « Si j'étais roi.... »

SOPHIE.

« Si j'étais roi.... » Et puis?

VALENTINE.

A présent, écris : « Si j'étais roi ». Fais attention, écris bien; ce n'est pas long, trois mots.

SOPHIE, *écrivant*.

Là! c'est fait. Et après? Que faut-il faire?

VALENTINE.

Répète : « Disait Gros-Jean à Pierre.... »

SOPHIE.

« Disait Gros-Jean à Pierre.... » Et puis?

VALENTINE.

Eh bien! écris sur ton cahier.

SOPHIE.

Quoi?

VALENTINE.

Mais ce que tu viens de dire : « Disait Gros-Jean « à Pierre. »

« C'est très joli, cela. » (Page 81)

Sophie écrit. Valentine continue de lui dicter sa leçon, phrase par phrase, avec une patience d'autant plus méritoire que Sophie faisait exprès comme si elle ne comprenait pas, et redemandait sans cesse : « Et puis ? — Et après ? — Que faut-il faire ? »

Valentine fut plusieurs fois sur le point de jeter le livre, de dire à Sophie qu'elle faisait la bête ; mais elle réprima si bien son impatience, que Sophie ne s'en aperçut pas. A mesure qu'elle avançait la leçon, grâce à sa bonne petite cousine, Sophie sentait son humeur se dissiper ; elle reprenait courage, et tout était fini qu'elle demandait encore : « Et puis ?

— Et puis rien ! répondit Valentine triomphante. C'est fini, tu as tout écrit.

— Fini ? dit Sophie avec surprise. Je croyais que ce serait bien plus long.

— Tu vois que je te disais vrai. Tu as la bonne manière à présent, et tu feras tes leçons bien plus facilement. Voyons maintenant si tu la sais. »

Sophie commença, continua et termina sans s'arrêter, sans hésiter un instant.

« Merci, bonne Valentine, s'écria-t-elle en l'embrassant ; c'est toi qui m'as sauvée d'un ennui ! ah ! d'un ennui qui me faisait pleurer.

VALENTINE, *souriant*.

Pleurer... un peu par humeur plus que par chagrin, n'est-ce pas, Sophie ?

— C'est vrai, dit Sophie en rougissant ; j'étais

si en colère contre ma maîtresse que, sans toi, je n'aurais rien fait du tout.

VALENTINE.

Et que serait-il arrivé?

SOPHIE.

Je n'en sais rien, moi.

VALENTINE.

Mais moi je le sais; tu te serais ennuyée et fâchée de plus en plus jusqu'au retour de ta maîtresse; elle t'aurait grondée, tu aurais répondu avec humeur; elle serait allée se plaindre à ma tante, qui t'aurait grondée....

SOPHIE.

Et mise en pénitence, bien sûr.

VALENTINE.

Tu vois combien tu te serais rendue malheureuse; et à présent, au contraire, comme tu es gaie et contente.

SOPHIE.

C'est encore vrai; une autre fois je ferai comme tu m'as montré, et c'est ce que je ne savais pas.... Mais j'ai encore quelque chose à faire. Regarde comme c'est difficile. Je n'y comprends rien.

VALENTINE,

« Sophie a trouvé 2 noix dans un coin, 4 dans son panier, 3 dans sa poche et 5 dans le tiroir de sa table. Son petit frère lui en prend 2; une souris lui en emporte 1; le petit chat en fait rouler 2 dans le feu. Combien lui en reste-t-il? »

SOPHIE.

Comment veux-tu que je devine, au milieu de tous ces chiffres, ce qui reste de noix.

VALENTINE.

C'est très facile, tu vas voir. Voyons d'abord combien tu as trouvé de noix. Ecris : 2,... 4,... 3,... 5. Combien cela fait-il ?

SOPHIE.

Cela fait : 2, 4, 3, 5. Deux mille quatre cent trente-cinq. »

Valentine la regarde avec surprise, prend le cahier et éclate de rire. Sophie commence à se fâcher.

SOPHIE.

Que trouves-tu de si drôle ? J'ai écrit comme tu me l'as dit.

VALENTINE, *riant*.

Tu as mis les chiffres à côté les uns des autres.

SOPHIE, *piquée*.

Et comment veux-tu que je les mette ?

VALENTINE.

Au-dessous les uns des autres ! Comme cela :

2
4
3
5

SOPHIE.

Et qu'est-ce que cela fera ?

VALENTINE.

Cela fera 2 et 4 font 6, et 3 font 9, et 5 font 14.

SOPHIE.

Ah ! c'est vrai ! tu as raison ! J'avais oublié.

**VALENTINE.**

C'est donc 14 noix que tu as.

**SOPHIE.**

C'est-à-dire que je voudrais avoir, et que je n'ai pas.

**VALENTINE.**

Tu vois bien que c'est une leçon pour t'apprendre à compter. A présent, compte combien on t'a pris de noix. »

Sophie écrit :

2
1
2

« Cela fait,... cela fait.... Attends.... 2 et 1, 3, puis 2, cela fait 5.

**VALENTINE.**

Très bien ; à présent, écris 14, et 5 au-dessous :

14
5

Très bien ; combien reste-t-il ?.... Il reste 9. Tu vois comme c'est facile.

**SOPHIE.**

C'est vrai ! Comme tu as vite fait cela ! je ne l'aurais jamais trouvé. Ma maîtresse ne m'explique rien d'avance.

**VALENTINE.**

Comment s'appelle-t-elle ?

**SOPHIE.**

C'est une Anglaise ; elle s'appelle miss Albion.

**VALENTINE.**

Moi, j'ai une Française excellente, Mlle Frichon.

SOPHIE.

Je voudrais bien que maman me la donnât, je n'aime pas les Anglais, et jamais je n'apprendrai l'anglais; j'aimerais mieux savoir l'allemand, comme toi.

VALENTINE.

C'est que j'ai une bonne allemande; voilà pourquoi je le sais si bien. Demande à ma tante de te donner une bonne allemande.

SOPHIE.

Je tâcherai de faire renvoyer miss Albion.

VALENTINE.

Comment feras-tu?

SOPHIE.

Je n'apprendrai rien; je ne saurai rien; alors on croira que c'est la faute de miss Albion.

VALENTINE.

Oh! ce serait mal, Sophie; ne fais pas cela, c'est toi qui en serais punie; tu penses bien que miss Albion se plaindrait de toi; tu serais en pénitence et tu te ferais un mauvais cœur en faisant du mal.

— C'est vrai, répondit Sophie en soupirant; c'est pourtant bien ennuyeux d'apprendre l'anglais. »

Tout en causant, les cousines rangeaient les livres et les cahiers. Valentine acheva de convaincre Sophie qu'elle devait se soumettre à la volonté de sa maman, faire les devoirs que lui donnait miss Albion, et même apprendre l'anglais. Malgré sa bonne volonté, Sophie ne faisait pas beaucoup de progrès, ni en écriture, ni en calcul, et surtout en anglais; au bout d'un an elle ne pouvait ni causer en anglais, ni comprendre facilement ce qu'elle lisait; il en était de même pour le reste.

Un jour, jour de triomphe, miss Albion dit à Sophie en s'en allant :

« Je vous dis adieu pour tout à fait, miss Sophie, car je pars pour la Grande-Bretagne et je ne reviendrai plus. »

Sophie poussa un cri de joie, que miss Albion prit pour un cri de désespoir; elle en fut très flattée et raconta partout que « cette bonne petite miss Sophie aimait tant elle, que lorsqu'elle s'est séparée, la petite avait presque tombé de douleur ».

La maman de Sophie lui donna pour maîtresse Mlle Frichon, et, à partir de ce jour, Sophie fit de tels progrès, qu'elle rattrapa bientôt sa cousine Valentine. Enfin, le dernier vœu de Sophie fut comblé quand sa maman lui annonça qu'elle allait avoir une bonne allemande, la sœur de celle de Valentine. Sophie fut si contente qu'elle se mit à sauter dans le salon sans regarder où elle allait, et qu'elle renversa une table sur laquelle étaient une lampe et un verre d'eau sucrée; l'huile et l'eau se répandirent sur le tapis; la maman cria, le papa gronda, et Sophie se sauva dans sa chambre, où elle trouva la bonne qui venait d'arriver.

## MINA.

c'était le nom de la nouvelle bonne de Sophie, ne savait pas du tout le français, ce qui obligea Sophie et ses frères à apprendre beaucoup de mots allemands; ils firent des progrès si rapides, qu'au bout de deux mois ils furent en état, non seulement de comprendre ce que leur disait Mina, mais de lui demander en allemand tout ce qui était nécessaire à leur vie habituelle. Léonce était devenu bon, de méchant qu'il avait été; mais il lui était resté un peu de malice et du goût pour la taquinerie.

Un jour il y avait plusieurs enfants chez Mme de Chattemur : ils jouaient à se costumer de différentes façons; ils avaient la permission de prendre les robes, châles, manteaux, bonnets, etc., de Mme de Chattemur, qui aidait même à les déguiser. Quand ils étaient habillés, ils allaient se faire voir au salon; quelquefois ils y jouaient une charade.

La bonne et la maman achevaient de déguiser Sophie en garde-malade.

« Une serviette sur le bras, dit Mme de Chattemur; Mina, donnez-moi une serviette.

— Que demande madame? je n'ai pas compris, dit Mina en allemand à Léonce.

— Elle demande un vase de nuit, répondit-il de même.

— Oh! est-ce possible, monsieur Léonce?

— C'est très vrai, et vous devez l'apporter au salon, car Sophie va faire la garde-malade de Valentine, et il lui faut un vase de nuit. »

Mina sortit avec quelque répugnance. En attendant son retour, qui se faisait attendre, Sophie et Valentine entrèrent au salon; leur apparition, l'une en garde-malade et l'autre en malade coiffée d'un bonnet de coton, vêtue d'une veste de chasse faisant robe de chambre, provoqua un accès de rire au salon. La gaieté redoubla quand la porte en face s'ouvrit presque en même temps et fit voir Mina, troublée et rougissante, qui arrivait avec son vase à la main et se dirigeait vers Sophie.

« Je n'en veux pas! je n'en veux pas! » criait Sophie en riant et en se sauvant.

Mina, rouge et embarrassée, la poursuivait sans parler; ne pouvant lui faire accepter son meuble,

Nina troublée et rougissante, arrivait avec son vase à la main.

elle le présenta à Valentine. Les rires redoublèrent ainsi que l'embarras de Mina, qui expliquait en allemand à M. de Chattemur qu'elle exécutait un ordre de sa maîtresse. Personne ne comprenait le langage de la pauvre fille; on croyait qu'elle jouait un rôle; les enfants riaient à se tordre; Léonce était enchanté du succès de son espièglerie; il se mit à sauter autour de Mina; la malade, la garde-malade et les autres enfants se joignirent à lui, et la pauvre Allemande, entourée, enveloppée, perdit contenance, laissa échapper de ses mains le vase, dont elle ne pouvait se débarrasser, et, le voyant brisé, elle jeta sur Léonce un regard suppliant et se mit à pleurer.

LE PÈRE.

Qu'est-ce? Je crois que Mina pleure; ce n'est donc pas une scène arrangée entre vous? »

Léonce, qui ne s'attendait pas du tout à cette fin de comédie et qui croyait ne faire qu'une plaisanterie innocente, fut très peiné du chagrin de Mina, et, s'approchant d'elle, il lui expliqua en allemand que ce n'était qu'une plaisanterie; que sa maman n'avait pas demandé un vase de nuit, mais une serviette, et que c'était lui qui avait voulu un peu égayer le jeu. Il fit en français la même explication à son papa.

LÉONCE.

Je suis bien fâché, je vous assure, papa, que la pauvre Mina s'afflige pour une chose si simple; si j'avais cru devoir la chagriner, je ne l'aurais certainement pas fait.

### M. DE CHATTEMUR.

Si Mina était chez nous depuis longtemps, mon ami, elle n'eût pas été timide et honteuse comme elle l'est maintenant. N'oublie pas qu'il y a toujours à faire une grande différence entre un domestique ancien, sûr de la bonne opinion et de l'affection de ses maîtres, et un domestique nouveau, qui ne sait pas s'il plaît ou déplaît. Je parie qu'elle est inquiète, qu'elle croit que nous prenons sa mésaventure pour un manque de respect. »

Quand Léonce, se tournant vers Mina, se mit à la questionner, elle lui dit effectivement qu'il la ferait gronder.

« Votre papa et ces messieurs et dames vont me croire bien hardie, monsieur Léonce, et ils prendront mauvaise opinion de moi; cela m'est très pénible.

### LÉONCE.

Mais non, ma bonne Mina; je viens d'expliquer à tout le monde que c'est ma faute, que c'est moi qui vous ai fait accroire que maman vous ordonnait d'apporter ce pot pour la comédie de Sophie, et papa m'a dit que j'avais eu tort et qu'il fallait vous rassurer, parce qu'ils savent tous que c'est moi qui vous ai fait une mauvaise plaisanterie.

### MINA.

Merci bien, monsieur Léonce; je suis tranquille à présent. »

Mina fit quelques révérences d'excuses et de remerciements, et s'en alla emportant les débris du vase, que les enfants l'avaient aidée à ramasser.

SOPHIE.

Pourquoi as-tu dit cela à Mina, Léonce? c'est méchant.

LÉONCE.

Je t'assure que j'en suis bien fâché et que je ne croyais pas lui faire de la peine. Avoue qu'elle est un peu sotte de s'être mise à pleurer.

VALENTINE.

Non, monsieur, elle n'est pas sotte du tout; cela prouve, au contraire, qu'elle a beaucoup d'esprit.

LÉONCE.

Comment cela? Je ne comprends pas.

VALENTINE.

Voilà! Toi tu ne comprends pas, et Mina a tout de suite compris qu'elle avait l'air de se moquer des personnes du salon, et, comme elle est très bonne et très polie, elle a été peinée. Et toi, tu es un méchant.

LÉONCE.

Laisse-moi donc tranquille! Je ne l'ai pas fait par méchanceté, et je ne suis plus méchant.

VALENTINE.

Alors tu es bête.

LÉONCE, *réfléchissant.*

Cela, c'est possible. Je ne dis pas non. Mais... j'aime encore mieux être bête que méchant. Quand j'étais méchant, je me sentais le cœur mal à l'aise, jamais content. Quand j'ai fait une bêtise, je suis fâché d'avoir fait de la peine, mais ce n'est pas la même chose.... Je ne sais pas comment expliquer cela.

VALENTINE.

Mon pauvre Léonce, tu es bon et tu n'es ni méchant ni bête ; j'étais un peu en colère contre toi d'avoir fait pleurer Mina, qui est la sœur de ma bonne, que j'aime beaucoup ; pardonne-moi et embrasse-moi. »

Léonce et Valentine s'embrassèrent bien tendrement.

Le papa de Valentine, qui les avait écoutés, appela Léonce.

« Veux-tu que je t'explique, mon ami, ce que tu ne pouvais pas comprendre tout à l'heure ?

LÉONCE.

Oh oui ! mon oncle, je vous en prie.

M. DE RÉGIS.

Quand tu as fait de la peine à quelqu'un sans le vouloir, ton cœur souffre parce qu'il est bon, mais ta conscience reste tranquille.

VALENTINE.

Quelle différence y a-t-il, papa, entre le cœur et la conscience ? Où est la conscience ? Est-ce qu'elle est près du cœur ?

M. DE RÉGIS.

La différence, mon enfant, c'est qu'avec le cœur nous aimons, nous nous affligeons, nous nous réjouissons ; et avec la conscience nous sentons que nous faisons mal ou bien, nous sentons que nous avons mérité une punition et que nous l'aurons. Et c'est pourquoi, Léonce, tu avais ce malaise, cette tristesse qui te rendait malheureux quand tu étais méchant.

LÉONCE.

Ah! je comprends, je comprends. Je peux raccommoder le chagrin que j'ai fait, et je ne peux pas empêcher la punition que j'ai méritée.

M. DE RÉGIS.

Précisément; tu as très bien compris.

VALENTINE.

Papa, vous ne m'avez pas dit où est la conscience. Je ne la sens nulle part.

M. DE RÉGIS.

C'est qu'elle n'est nulle part. C'est une pensée; tu ne peux pas voir ni toucher tes pensées.

VALENTINE, *bas à Sophie.*

Dis donc, Sophie, est-ce que tu comprends?

SOPHIE, *de même.*

Pas du tout; je n'y comprends rien.

VALENTINE.

Ni moi non plus.

SOPHIE.

Alors allons jouer. Où est donc Arthur? Tiens, le voilà qui dort sur le canapé! Arthur, viens jouer.

VALENTINE.

Il ne bouge pas. Comme il dort bien! Camille, Madeleine, venez voir comme Arthur dort profondément, il n'entend rien.

CAMILLE.

Pauvre petit, il ne faut pas l'éveiller. Comme il est gentil! Envoyons Louis pour appeler Mina, elle le couchera dans son lit. Louis! Où est-il donc?

SOPHIE.

Cherchons-le; il s'est caché probablement. »

Les enfants cherchent et appellent Louis de tous côtés; ils ne le trouvent pas.

« Ma tante l'a peut-être renvoyé à la maison, dit Sophie.

« Arthur dort profondément; il n'entend rien. » (Page 99.)

CAMILLE.

Peut-être; demandons-lui.... Ma tante, nous ne trouvons pas Louis; est-ce que vous l'avez renvoyé pour se coucher?

— Non, dit Mme de Préau; il est caché quelque part.

SOPHIE.

Nous l'avons pourtant cherché partout. »

Mme de Préau, un peu inquiète, se leva pour chercher avec les enfants. En entrant dans la chambre à coucher de Mme de Chattemur, elles virent ou plutôt entendirent Follet, son petit chien, aboyer avec crainte et colère près de sa

Follet aboyait avec crainte et colère.

niche, dans laquelle il voulait et n'osait pas entrer.

« Qu'a-t-il donc à aboyer ainsi? » dit Mme de Préau en approchant de cette niche qui était grande et belle, couverte en velours rouge, doublée de taffetas ouaté. Elle se baissa, vit quelque chose de noir, qu'elle tira; c'était Louis, qui s'était blotti dans cette niche dont il avait chassé Follet quand il avait entendu ses cousines l'appeler. Follet l'avait trahi.

MADAME DE PRÉAU.

Voilà un quart d'heure que tes cousines te cherchent, Louis; pourquoi ne répondais-tu pas?

LOUIS.

Je voulais leur faire croire que j'étais perdu; sans ce petit imbécile de Follet, elles ne m'auraient jamais trouvé.

MADAME DE PRÉAU.

Tu ne penses donc pas que j'aurais été bien plus inquiète que je ne l'ai été, et que j'aurais eu un chagrin affreux de ne pas te trouver?

LOUIS.

Vraiment, maman, vous étiez inquiète? Pourquoi, puisque j'étais dans cette niche, où on est si bien?

MADAME DE PRÉAU.

Mais nous ne le savions pas! Je craignais que tu ne te fusses échappé, sauvé dans la rue, et je ne sais quoi encore.

LOUIS.

Pardon, maman, je suis bien fâché; je ne croyais pas vous faire de la peine.

MADAME DE PRÉAU.

Une autre fois, quand tu verras qu'on te cherche depuis longtemps et avec inquiétude, sors de ta cachette ou réponds. On ne sera plus inquiet. »

Louis le promit; pendant ce temps Mina avait trouvé Arthur endormi sur le canapé et l'avait emporté, déshabillé et couché sans qu'il se fût éveillé. Il était assez tard; on emmena les enfants qui restaient; Sophie et Léonce allèrent aussi se coucher. C'est ainsi que finit cette soirée amusante.

# LA CAMPAGNE LES MARRONS

Vers le milieu de l'été, Mme de Rouville avait réuni chez elle une grande partie de sa famille; les enfants étaient nombreux et profitaient des plaisirs innocents qu'offre la campagne en toutes saisons.

« Venez vite, venez tous chercher et ramasser des marrons! criait Jacques à ses cousins et cousines assis en rond autour d'un tas de fleurs, qu'ils effeuillaient et mettaient dans des paniers pour une procession qui devait avoir lieu le lendemain au village. Dépêchez-vous; tout le monde va partir.

HENRIETTE.

Qui donc, tout le monde?

JACQUES.

Les gens de la ferme; on va grimper dans les marronniers, secouer les branches; les marrons tomberont, nous les ramasserons; et puis on s'assoira sous les arbres, on mangera du pain et du fromage, on boira du cidre.

— Nous arrivons, nous arrivons! crièrent les enfants tous ensemble en se levant précipitamment.

— Et les fleurs? et la procession? dit Camille d'un air consterné.

— Nous reviendrons plus tard; nous aurons le temps! » crièrent les enfants en se sauvant.

Camille resta seule avec les fleurs éparses devant elle.

« Ils sont jeunes, dit-elle en soupirant, plus jeunes que moi. Ils aiment à s'amuser; c'est bien naturel! »

Et la bonne petite Camille ramassa les fleurs, les remit dans les paniers renversés sur l'herbe, et continua à les effeuiller et à remplir les paniers.

« Là, plus de fleurs à effeuiller; les paniers sont pleins jusqu'au bord; voyons si nous avons chacun le nôtre. »

Et Camille se mit à nommer les enfants et à mettre dans chaque panier les papiers qui portaient leur nom.

« Venez tous ! criait Jacques aux enfants assis autour d'un tas de fleurs. » (Page 165.)

« Madeleine,... Élisabeth,... Henriette,... Marie-Thérèse,... Marguerite,... Léonce,... Arthur,... Louis,... Jacques,... Valentine,... Armand,... Sophie,... Paul,... Pierre,... Henri,... Gaston.... Ah! il n'y en a pas pour moi. Voici pourtant le papier avec mon nom.... Je pourrais bien le mettre à la place de celui de Paul; il est si petit, qu'il se contentera d'un sac ou d'un mouchoir.... Non, ce ne serait pas bien, ce serait égoïste; ce pauvre petit, il ne peut pas se défendre, lui.... Il pleurerait peut-être.... Et moi qui suis grande, je peux bien ne pas avoir de panier.... Au lieu de marcher avec les enfants de la procession qui jettent des fleurs, je marcherai près de maman.... C'est tout de même dommage, ajouta-t-elle en soupirant.... J'aurais tant aimé à jeter des fleurs au bon Dieu.... Si je changeais le papier? Allons, allons, pas de faiblesse, pas d'égoïsme. Adieu les fleurs! adieu les paniers! je ne veux plus vous voir, vous me tentez trop. »

Et, courant à la maison, elle appela sa bonne :

« Ma bonne, ma bonne, voilà tous les paniers de fleurs pour demain, là-bas, sur l'herbe; veux-tu les porter dans nos chambres? Les noms sont dans chaque panier. »

Et Camille courut rejoindre ses cousins et cousines; elle arriva au milieu de rires et de cris joyeux. Des gamins étaient montés dans les marronniers; avec leurs sabots ou des bâtons ils faisaient tomber une pluie de marrons; ceux qui étaient dessous en recevaient sur le dos, sur la tête.

« Arrêtez, arrêtez! criaient-ils ; ça pique!

— Gare là-dessous! » criaient les gamins en secouant les branches de plus belle.

Dans les moments d'intervalle, on se précipitait pour ramasser le plus de marrons possible ; chacun avait son tas. Lorsque Camille arriva, il y en avait quelques-uns très gros, d'autres tout petits ; c'étaient ceux des quatre plus jeunes enfants, Paul, Gaston, Armand et Marie-Thérèse. Ils étaient tous quatre près de leurs tas, et les regardaient avec tristesse.

« Regarde, Camille, comme nous en avons peu ; c'est parce que nous sommes petits ; les grands sont plus habiles, ils prennent tout. »

Et pourtant les pauvres petits étaient rouges et tout en sueur, tant ils s'étaient donné de peine pour ramasser leurs misérables petits tas.

### CAMILLE.

Attendez, mes petits ; reposez-vous pendant que je vais en ramasser pour vous ; je vais tâcher de vous faire de gros tas comme les autres.

— Vrai, vrai? s'écria Gaston.

— Merci, merci, bonne Camille! » s'écrièrent-ils en chœur.

Camille se mit à l'ouvrage avec un zèle qui fit peur aux autres.

### JACQUES.

Tu vas trop vite, Camille : tu ramasses tout.

### LOUIS.

Tu vas avoir un tas plus gros que les nôtres, quoique tu sois arrivée longtemps après nous.

###### HENRIETTE.

Camille, prends garde, on secoue les arbres.

###### CAMILLE.

Ça ne fait rien, mon chapeau me garantit la tête. »

Et, pendant que les autres se sauvaient, Camille ramassait toujours. Quand son tablier était plein, elle le vidait sur les marrons des quatre plus jeunes, qui sautaient autour de leurs tas à mesure qu'ils grossissaient.

Mais Camille avait beau se dépêcher, se mettre en nage, elle ne pouvait pas fournir assez de marrons pour rendre les quatre tas aussi gros que les autres, qui avaient chacun leurs ouvriers. L'exemple de Camille avait donné aux enfants l'envie de faire comme elle; tous s'étaient mis à ramasser les marrons avec une ardeur admirable : les tas grossissaient à vue d'œil; ceux des quatre petits augmentaient aussi, mais pas autant.

« Pauvre Camille, tu es fatiguée, dit Gaston en l'arrêtant, pour l'empêcher de continuer sa besogne.

— Repose-toi, pauvre Camille, dit le petit Armand.

— Oui, oui, repose-toi, dirent Paul et Valentine.

###### CAMILLE.

Mais vos tas ne sont pas assez gros, mes pauvres petits.

###### MARIE-THÉRÈSE.

Ça ne fait rien; il y en a bien assez à présent; je ne veux pas que tu te fatigues davantage.

**ARMAND.**

Comme tu es lasse, Camille! comme tu es rouge!

**PAUL.**

Et comme tu sues!

— Qui est-ce qui veut faire cuire des marrons, s'écria Elisabeth.

— Moi, moi! répondirent les autres tout d'une voix.

**ÉLISABETH.**

Venez alors chercher du bois mort. »

Tous coururent dans le bois, le long des haies, ramasser des branches sèches.

« C'est bon, c'est bon, dit Camille en riant; nous allons avancer notre ouvrage pendant ce temps. Dites donc, petits garçons, cria-t-elle aux gamins qui étaient montés dans les arbres, voulez-vous m'aider à ramasser des marrons? vous en aurez chacun douze pour votre peine.

— Certainement, mam'selle, et de grand cœur », répondirent les gamins en dégringolant lestement jusqu'à terre.

Ils étaient huit, et ils étaient tous à l'œuvre. Comme ils étaient très reposés, l'ouvrage marcha vite, et en quelques minutes il y eut tant de marrons que les tas des quatre petits se trouvèrent plus gros que ceux des grands. Les petits étaient enchantés; ils couraient d'un tas à l'autre pour juger de la grosseur; ils les mesuraient avec de petits bâtons.

**ARMAND.**

Tiens, Marie-Thérèse, vois le mien comme il est gros.

Les tas grossissaient à vue d'œil. (Page 111.)

##### MARIE-THÉRÈSE.

Et le mien, regarde, aussi gros que celui de Léonce.

##### PAUL.

Et moi, regarde comme j'en ai; gros comme moi.

##### GASTON.

Moi aussi, j'en ai une montagne.

##### ARMAND.

Et celui de Camille, où est-il?

##### CAMILLE.

Je n'en ai pas, moi; je suis arrivée trop tard.

##### MARGUERITE.

Comment, trop tard? C'est toi qui as fait les nôtres, qui sont si gros.

##### CAMILLE.

Mais c'est pour vous aider, parce que vous êtes trop petits pour en ramasser beaucoup.

##### GASTON.

Non, non, je ne veux pas du mien si tu n'en as pas, il sera pour toi.

##### ARMAND.

Et le mien aussi; prends-le, ma bonne Camille!

##### MARIE-THÉRÈSE.

Et moi aussi, je vais t'en donner des miens.

##### PAUL.

Prends, prends, Camille, mon tas; attends seulement que j'en mette plein mes poches... et puis dans mon chapeau,... et puis dans mon mouchoir,... et puis... où donc encore? »

Et, tout en parlant, Paul bourrait ses poches et

se dépêchait de remplir chapeau et mouchoir.

CAMILLE, *riant*.

Garde tout, mon pauvre petit. Tout est pour toi ; je n'en veux pas, je t'assure. Je vous remercie tous, mes chers petits ; vous êtes bien gentils. Quand vous en aurez de cuits, si vous voulez m'en donner chacun deux, je serai bien contente.

PAUL.

Je crois bien ; tant que tu en voudras ; tout si tu veux. »

Camille aperçut les huit gamins qui attendaient la récompense promise.

CAMILLE.

Je vous oubliais, mes petits ; tenez, voici votre part à chacun. »

Camille prit de chaque tas de quoi payer deux petits garçons ; et, comme il y en avait huit, elle les paya tous avec les quatre tas. Les gamins partirent enchantés. Camille attendait avec ses petits cousins et cousines le retour des plus grands, qu'on entendait dans le bois rire, se culbuter et pousser des cris de joie. Ils apparurent enfin, l'un sortant d'un fossé, l'autre passant au-dessus d'une haie, le troisième se glissant entre deux arbres, et tous portant une charge de bois sur la tête ou sur le dos.

Ils jetèrent leur bois auprès de leur tas de marrons, et se rassemblèrent autour pour voir s'il y en avait assez.

MADELEINE.

N'en faudrait-il pas encore, Léonce ?

### LÉONCE.

Il y en a bien assez, Madeleine; sois tranquille, nous avons de quoi faire un feu magnifique.

### ÉLISABETH.

Tiens, c'est toi, Camille? Que fais-tu là? tu as l'air fatiguée?

### PAUL.

Je crois bien, qu'elle est fatiguée, cette bonne

Ils apparurent enfin, portant une charge de bois.

Camille; elle s'est donné tant de mal pour nous faire plaisir! elle nous a ramassé à tous les quatre une telle quantité de marrons, qu'elle n'en peut plus.

### ARTHUR

C'est vrai! Quels énormes tas!

### LOUIS.

Ils sont plus gros que les nôtres!

HENRIETTE.

Et quels beaux marrons!

JACQUES.

Lequel est le tas de Camille?

CAMILLE.

Je n'en ai pas; je n'en ai pas besoin.

JACQUES.

Tu en as aussi besoin que nous.

CAMILLE.

Les petits m'ont promis de m'en donner quand ils seraient cuits.

JACQUES.

Combien?

LES QUATRE PETITS, *ensemble*.

Deux chacun; cela fait beaucoup.

JACQUES, *avec indignation*.

Mais c'est abominable! Comment, la pauvre Camille s'est éreintée à vous ramasser vos marrons, et vous ne lui en donnez que deux!

ARMAND.

Je te conseille de crier, toi qui n'en donnes pas un, non plus que les autres grands.

JACQUES.

Je n'en donne pas, parce que je ne savais pas que Camille travaillait pour vous, au lieu de travailler pour elle. A présent que je le sais, je lui donnerai la moitié de mon tas.

— Nous aussi! s'écrièrent les autres.

GASTON.

Non, Camille prendra les nôtres. Nous te les avons offerts les premiers, et avant que Jacques fût revenu, tu sais bien, Camille.

CAMILLE.

Vous êtes tous bien bons, mes amis, je vous remercie; savez-vous ce qu'il faut faire? Mettons tous nos marrons ensemble, et partageons-les également.

ÉLISABETH.

C'est cela! voilà une bonne idée!

HENRIETTE.

Quelle montagne cela va faire!

VALENTINE.

Écoutez! ce sera long à partager; avant de commencer, allumons notre feu pour faire cuire les marrons que nous allons manger.

LÉONCE.

Allumons, allumons! il nous faut des allumettes!

LOUIS.

Arrangeons d'abord le bois : tout est jeté au travers de l'herbe; il faut faire un petit bûcher.

MADELEINE.

Mais comment les marrons cuiront-ils dans la flamme? Ils brûleront.

ÉLISABETH.

Et ils éclateront et nous sauteront à la figure.

SOPHIE.

J'ai une idée! Creusons un trou dans la terre; mettons du bois au fond, puis un peu de terre, puis les marrons, puis encore du bois en grande quantité. Comme ça, les marrons cuiront tout doucement, comme s'ils étaient sous la cendre. »

Les enfants, enchantés de l'idée de Sophie, se mirent à creuser avec des bâtons, avec leurs couteaux, avec leurs doigts même; et bientôt le trou fut fait. Ils y mirent de petits morceaux de bois, puis ils placèrent les marrons.

« Arrêtez! leur cria Camille; avez-vous fendu les marrons avant de les mettre dans le trou?

ARTHUR.

A quoi bon les fendre?

CAMILLE.

Si vous ne les fendez pas, ils sauteront et vous brûleront.

LÉONCE

C'est impossible, puisque nous mettons par-dessus de la terre et une montagne de bois. Est-ce qu'une montagne peut sauter?

CAMILLE.

Elle sautera très bien, et plus haut que toi.

SOPHIE.

Non, non, ce sont des sottises; rien ne sautera; laissez-moi faire et n'ayez pas peur.

JACQUES.

Tout de même, je ne resterai pas à côté; je crois que Camille a raison.

VALENTINE.

Je m'en irai avec toi. C'est plus sûr.

MARGUERITE.

Je me mettrai près de Camille. J'ai peur.

— Et moi aussi, dirent les autres, qui commençaient à craindre que l'invention de Sophie ne fût pas excellente.

PAUL.

Où irons-nous? A la maison?

— Non, pas si loin, répondit Camille en riant; seulement un peu en arrière. »

Léonce avait été chercher des allumettes; tout était prêt; il fit partir l'allumette, alluma les feuilles sèches qui tenaient aux branches mortes; en deux minutes le bois fut en feu. Camille avait emmené les enfants à vingt pas plus loin; tous l'avaient suivie; Sophie même s'était éloignée tout en riant de leurs terreurs.

Le feu brûlait, le bois se consumait, rien ne sautait. Sophie commençait à triompher.

« Je t'avais bien dit qu'il n'y avait pas de danger.

#### CAMILLE.

Attends encore; les marrons ne sauteront que lorsqu'ils seront assez échauffés pour que la peau éclate en se fendant.

#### SOPHIE.

Mais tu vois bien que le feu va bientôt s'éteindre.

#### JACQUES.

Je crois vraiment que nous pouvons.... »

Jacques n'eut pas le temps de finir sa phrase; une forte explosion se fit entendre, et l'on vit les marrons, les cendres, les petits restes de bois enflammés sauter et se répandre dans toutes les directions et à une distance assez grande du foyer pour faire fuir les enfants plus loin encore.

« Camille avait raison, dit Jacques quand l'émotion fut un peu calmée.

#### SOPHIE.

C'est incroyable que des marrons puissent lancer

si loin le feu et les cendres! Je ne l'aurais pas cru si je ne l'avais pas vu.

HENRIETTE.

C'est bien heureux que Camille nous ait prévenus. Nous aurions tous été brûlés vifs, grâce à l'heureuse idée de Sophie.

SOPHIE.

Quelle bêtise! brûlés vifs! Nous aurions eu de la cendre dans la figure, voilà tout!

ÉLISABETH.

De la cendre dans la figure, dans les yeux, des charbons brûlants sur nos robes, qui auraient pris feu.

SOPHIE.

Eh bien, nous nous serions roulées sur l'herbe! Ce n'est pas difficile!

CAMILLE, *gaiement*.

Mais il vaut encore mieux que nous n'ayons eu ni cendres, ni charbons enflammés. Le bon Dieu nous a préservés aujourd'hui comme toujours. Je l'en remercie de tout mon cœur.

ARMAND.

Et nos marrons! Nous n'en avons pas, tout de même.

PAUL.

Je voudrais bien en manger, moi.

LOUIS.

Comment donc faire?

CAMILLE.

Savez-vous ce qu'il faut faire? Allons chercher nos brouettes et notre charrette, mettons nos marrons dedans, et ramenons tout à la maison; le cuisinier nous en fera cuire tant que nous en voudrons.

MADELEINE.

Oui, oui, allons! Que chacun prenne sa brouette; Camille, Pierre et Léonce amèneront la charrette. »

Ils partirent tous, à qui courrait le plus vite; les quatre petits restaient en arrière, malgré leurs efforts. Camille, toujours bonne et attentive, les voyant se dépêcher, se presser sans pouvoir arriver, retourna sur ses pas.

« N'allons pas plus loin, mes chers petits; attendons-les; il faudra bien qu'ils repassent par ici.

— C'est vrai! Ah! que je suis fatigué! » dit Gaston en se laissant tomber à terre.

Paul, Armand et Marie-Thérèse s'assirent près de lui et de Camille. Ils attendirent, attendirent longtemps : personne ne revenait. Camille commença à trouver le temps un peu long; les petits s'ennuyaient; ils demandaient à rentrer.

« Rentrons », dit Camille.

Ils se levèrent et se dirigèrent à pas lents vers la maison. Tout était tranquille quand ils arrivèrent; on n'entendait, on ne voyait personne. Camille demanda au cuisinier s'il n'avait pas vu ses cousins et cousines.

« Oui, mademoiselle, ils sont revenus il y a déjà quelque temps; ils ont mangé des marrons que j'avais pour eux et que je venais de faire cuire, et....

— Et nous? et nous? s'écrièrent les quatre petits.

TRANCHANT.

En voulez-vous, messieurs et mesdemoiselles ? En voici tant que vous en voudrez. »

Et il leur présenta une grande jatte pleine de marrons tout chauds, ce qui les consola de leur longue attente et de leur ennui. Camille en mangea avec eux ; ils en mirent dans leurs poches.

CAMILLE.

Où sont-ils allés ? Savez-vous, Tranchant ?

TRANCHANT.

Dans le potager, mademoiselle, pour cueillir le raisin.

LES PETITS.

Allons-y aussi ; Camille, viens au potager, je t'en prie. Ce sera bon, du raisin après des marrons. »

Camille les mena au potager, où ils trouvèrent les cousins et cousines montés aux échelles et cueillant les grappes de raisin, qu'ils mettaient dans des paniers.

CAMILLE.

C'est joli de nous abandonner comme vous l'avez fait ! Nous vous attendions là-bas, pensant que vous deviez revenir.

— Comment, vous étiez restés en arrière à nous attendre ! dit Élisabeth. Pauvres malheureux ! nous ne le savions pas.

JACQUES.

Et vous n'avez pas eu de marrons ?

CAMILLE.

Si fait, le cuisinier vient de nous en donner.

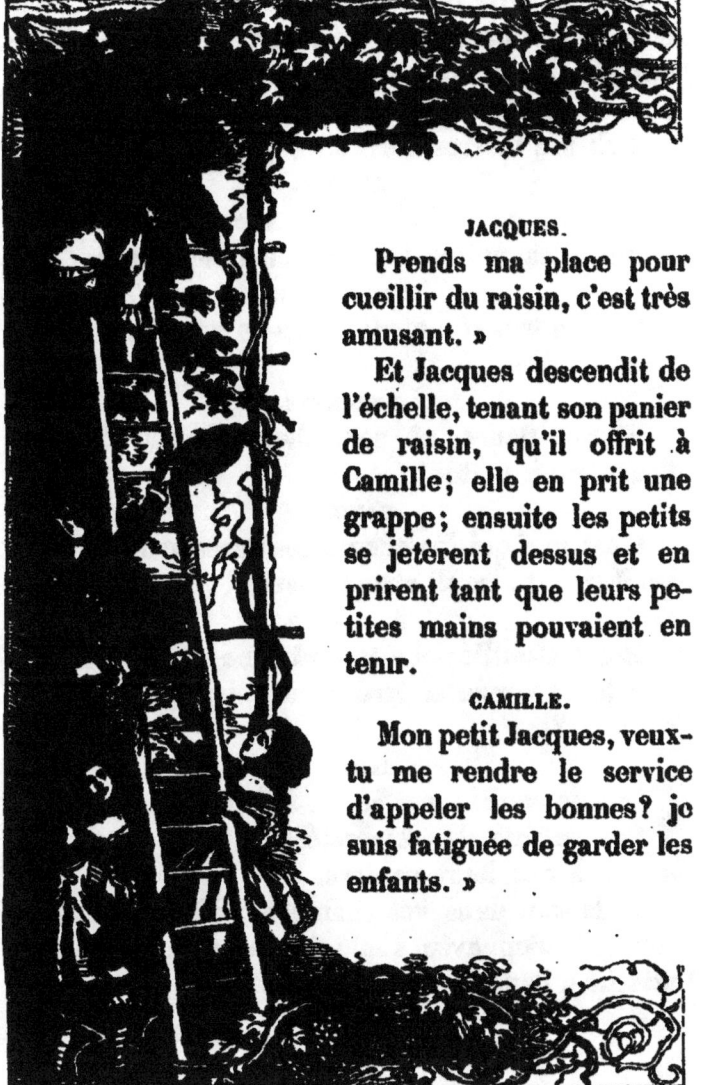

JACQUES.

Prends ma place pour cueillir du raisin, c'est très amusant. »

Et Jacques descendit de l'échelle, tenant son panier de raisin, qu'il offrit à Camille; elle en prit une grappe; ensuite les petits se jetèrent dessus et en prirent tant que leurs petites mains pouvaient en tenir.

CAMILLE.

Mon petit Jacques, veux-tu me rendre le service d'appeler les bonnes? je suis fatiguée de garder les enfants. »

Jacques posa son panier à terre, et courut chercher les bonnes, qui délivrèrent Camille de sa charge. Chacun des enfants vint offrir du raisin à Camille, qui prit un grappillon à chacun.

« Et nos marrons, dit-elle, que vont-ils devenir?

LÉONCE.

On les a envoyé chercher avec une charrette, et on nous les mettra dans les coins du hangar.

MARGUERITE.

Ce sera très commode; nous en prendrons quand nous voudrons.

HENRIETTE.

Et nos fleurs, où sont-elles? Tout a disparu! fleurs, paniers, tout.

CAMILLE.

C'est moi qui les ai rangées après avoir effeuillé les fleurs et rempli chaque panier.

ÉLISABETH.

Merci, Camille; que tu es bonne! C'est pour cela que tu es venue si tard nous rejoindre aux marronniers?

CAMILLE.

Oui, je voulais que ce fût fini pour demain. »

Les enfants la remercièrent tous, et demandèrent à voir leurs paniers.

« Ils sont dans vos chambres, dit Camille; chacun a le sien avec son nom écrit sur un papier attaché à l'anse du panier. »

## LA RÉCOMPENSE

LENDEMAIN était la fête du village; on devait faire une procession avec des bannières portées par des petites filles en blanc; Camille devait être à la tête de la procession, comme la plus âgée. Mais comment pouvait-elle sans fleurs et sans panier se mettre en tête des petites filles. C'était elle qui devait donner le signal des temps d'arrêt en jetant des fleurs devant les bannières de la sainte Vierge. Elle aurait pu faire part de son embarras à ses cousins et cousines, mais elle savait que tous viendraient lui céder leur panier et se priver du plaisir qu'ils attendaient depuis huit jours.

« Et c'est ce que je ne veux pas, se dit-elle, car je sais par moi-même le chagrin qu'ils en auraient. C'est moi qui suis la plus âgée, je dois être la plus raisonnable et savoir me priver pour le plaisir des autres ; le bon Dieu saura bien me dédommager de mon sacrifice. »

L'heure avançait pourtant ; Camille ne savait comment faire ; enfin elle trouva un moyen.

Une demi-heure avant le départ général, elle demanda à sa maman la permission de partir d'avance pour allonger le chemin en passant par le bois et voir un pauvre vieux bonhomme qui était très malade.

« Il vaut mieux y aller au retour de l'office et de la procession, lui répondit sa maman. N'oublie pas que tu as ton panier à emporter ; il t'embarrassera pendant une si longue route.

CAMILLE.

Oh non ! maman ; on emportera tous les paniers ensemble, et nous les retrouverons à la sacristie.

LA MAMAN.

Camille, ce n'est pas raisonnable ; tu ne peux pas aller seule par le bois ; il n'y a personne pour t'accompagner.

CAMILLE.

Oh ! maman, je vous en prie.

LA MAMAN.

Qu'est-ce qui te prend, de demander avec tant

d'insistance une chose si peu raisonnable? Il y a quelque chose là-dessous. Voyons, Camille, avoue-moi la vérité. Pourquoi ne veux-tu pas aller avec tes cousins et cousines? »

Camille ne crut pas devoir cacher plus longtemps la vérité à sa maman; elle lui raconta ce qui était arrivé pour les paniers et comment elle avait voulu renoncer à être de la procession.

« Vous m'avouerez, maman, ajouta-t-elle en prenant un air riant, que je ne serai pas bien malheureuse de marcher derrière la procession avec vous, au lieu de marcher en avant; au contraire, ce sera même plus agréable pour moi, car je verrai l'effet qu'ils produiront en lançant leurs fleurs.

— Tu es une excellente petite fille, lui répondit sa maman en l'embrassant, et tu mérites bien la surprise que veulent te faire tes cousins et cousines, et tous les enfants du village

CAMILLE.

Quelle surprise, maman? On ne m'a rien dit.

LA MAMAN.

Puisque c'est une surprise, on ne devait te rien dire; mais je suis dans le secret, moi.

CAMILLE.

Et vous l'avez un peu trahi, maman, par bonté pour moi.

LA MAMAN.

C'est vrai! mais je ne pouvais pas et je ne devais pas te laisser dans l'embarras que tu m'as confié et dans la tristesse que je voyais sur ta pauvre figure, ordinairement si gaie. Partons, maintenant, pour rejoindre les autres, qui nous attendent.

— Camille! où est donc Camille? criaient les enfants au moment où elle entra

CAMILLE.

Me voici, mes amis; j'arrive avec maman.

ÉLISABETH.

Et ton panier, où est-il? Nous avons chacun le nôtre.

— Je n'en ai pas, dit Camille avec un peu d'hésitation.

— Comment, tu n'en as pas? Il faut que tu en aies un. Va le chercher, dépêche-toi

— Je n'en ai pas », répéta Camille.

Les enfants la regardèrent avec étonnement.

LA MAMAN.

Camille a trouvé un panier de moins qu'il n'en fallait, mes enfants; comme c'est elle qui les a remplis et marqués pour chacun, elle s'est sacrifiée, selon son habitude; elle s'est privée d'un plaisir pour qu'aucun de vous n'en fût privé.

— Bonne Camille! dirent les enfants les uns après les autres avec un attendrissement visible. Bonne Camille! » répétaient-ils.

Tous voulurent lui faire accepter leur panier, comme elle l'avait prévu; elle avait beau refuser, ils la suppliaient avec tant d'instances et, il faut le dire, avec un tel vacarme, une telle importunité, qu'elle ne savait plus auquel entendre. La maman, après avoir ri un instant de leurs clameurs et de leurs sauts, les appela, en disant qu'elle avait un secret à leur confier, et que Camille ne devait pas l'entendre. Ils accoururent tous, et, après avoir écouté ce que Mme de Fleurville avait à leur dire, ils devinrent calmes et tranquilles, souriant avec malice.

MARGUERITE.

C'est vrai, Camille n'a pas besoin de panier.

SOPHIE.

Tais-toi donc, tu parles toujours trop!

MARGUERITE.

Moi! je n'ai rien dit. N'est-ce pas, Camille, que tu ne sais rien?

SOPHIE.

Là! la voilà qui recommence! Tais-toi, je te dis.

JACQUES.

Laisse-la, Sophie; elle n'a rien fait de mal; elle est si petite!

LA MAMAN.

Voyons! pas de disputes. Nous sommes en retard; partons et marchons vite. »

Tous se mirent en route pour aller se joindre aux enfants du village, qui attendaient sur la place; ils les trouvèrent rassemblés. Les enfants prirent leur rang pour entrer à l'église. Quand on fut à quelques pas de la porte, on vit paraître le curé, tenant à la main une bannière légère en soie blanche, sur laquelle était peinte une image de la sainte Vierge; au-dessous était brodé en lettres d'or :

OFFRANDE AFFECTUEUSE DE TOUS LES ENFANTS
ASSISTANT A LA PROCESSION DU 16 OCTOBRE 1861
A MADEMOISELLE CAMILLE DE ROUVILLE,
LA MEILLEURE DE TOUTES.

Le curé s'avança et chercha des yeux Camille.

qui, ne portant pas de panier, s'était retirée derrière les enfants et près de sa maman.

« Mademoiselle Camille, dit-il, ayez la bonté de venir recevoir le présent des enfants du village, de vos cousins, cousines et amies, en signe de reconnaissance et d'affection. »

Camille, fort surprise, avança et reçut des mains du curé la jolie bannière, dont il lui fit lire l'inscription. Des larmes de bonheur vinrent mouiller les yeux de Camille; elle se retourna vers les enfants rassemblés.

« Merci, mes amis; mille fois merci. C'est vous qui êtes bons et aimables : c'est moi qui dois être reconnaissante. Quelle bonne et aimable surprise! Merci, monsieur le curé, ajouta-t-elle en se retournant vers lui. Ayez la bonté de bénir la bannière et celle qui la portera. »

Et, s'agenouillant aux pieds du curé avec sa bannière inclinée vers lui, elle reçut sa bénédiction.

Les rangs se reformèrent, Camille marchant en tête de la procession. Chacun admirait la bannière et la charmante petite fille qui la portait avec tant de recueillement. Camille se sentait heureuse, mais pas fière : car elle n'était pas du tout orgueilleuse, et prenait pour un acte de bonté ce qui n'était que la juste récompense de sa propre bonté, de son dévouement et de sa modestie.

Quand la cérémonie fut terminée, Camille demanda au curé la permission d'offrir sa bannière à la sainte Vierge et de la laisser toujours près de son autel. Le curé y consentit, et Camille alla

porter sa jolie bannière près de l'autel de la sainte Vierge.

VALENTINE.

Pourquoi n'as-tu pas rapporté à la maison le présent que nous t'avons fait? Cette bannière t'aurait fait honneur.

CAMILLE.

Elle m'aurait fait trop d'honneur; dans quelque temps on aurait pu me croire bien meilleure que je ne le suis. Et puis, une bannière doit être dans une église, et pas dans une chambre.

VALENTINE.

Comment fais-tu pour être si bonne? Jamais tu ne te fâches, jamais tu ne te plains de personne.

CAMILLE.

Et de quoi pourrais-je me fâcher? Et

de quoi pourrais-je me plaindre? Vous êtes tous si bons avec moi!

VALENTINE.

Pas toujours. Ainsi, quand je t'ai mis de la cire sur ta belle tapisserie, ce n'était pas bon cela?

CAMILLE.

Oh! tu l'as fait par maladresse, pas par méchanceté.

VALENTINE.

Hem! hem! Un peu par méchanceté, parce que tu n'as pas voulu me laisser te couper tes aiguillées de soie. Et lorsque Paul t'a pris et mangé ta part de biscuits?

CAMILLE.

Il est si petit, ce pauvre Paul! Est-ce qu'on peut se fâcher contre lui?

VALENTINE.

Vois-tu, comme tu trouves toujours des raisons pour ne pas accuser!

CAMILLE.

Prends garde que je n'en trouve une pour me fâcher contre toi.

VALENTINE.

Pourquoi? Qu'est-ce que je te fais?

CAMILLE.

Tu cherches à me donner de l'orgueil. C'est mal. »

Valentine sourit de ce reproche; elle embrassa ensuite la charmante Camille et alla rejoindre ses amis.

## LA SOURICIÈRE.

**RMAND.** Ma bonne, entends-tu ce petit bruit? Qu'est-ce que c'est? Tiens! il recommence.

LA BONNE.

C'est une souris qui grignote dans l'armoire.... Quel train elle fait!

ARMAND.

Je voudrais bien la voir, ma bonne. Veux-tu m'ouvrir l'armoire?

LA BONNE.

Mais si je l'ouvre, la souris se sauvera, et vous ne verrez rien. »

Armand ne voulut pas croire ce que lui disait sa bonne : il ouvrit lui-même l'armoire, entendit un petit frou-frou dans des papiers qui se trouvaient en bas, et puis rien. Il regarda, chercha de tous côtés et ne vit pas de souris.

ARMAND.

Où est-elle donc, cette bête? Par où s'est-elle sauvée?

LA BONNE.

Il faut à une souris un si petit trou pour passer, que vous ne trouverez pas la place.

ARMAND.

Et comment faire pour l'attraper?

LA BONNE.

Il faut mettre une souricière.

ARMAND.

Qu'est-ce que c'est que ça, une souricière?

LA BONNE.

C'est une petite maison dans laquelle on met du beurre, du fromage ou une noix attachés à une ficelle, et, quand la souris entre dans la maison et grignote ce qu'on a mis dedans, elle est prise.

ARMAND.

Oh! ma bonne, je t'en prie, attrape-moi une souris.

LA BONNE.

Je vais tout de suite arranger une souricière; nous allons tâcher de prendre cette souris de tout à l'heure. »

Armand courut avec sa bonne, pour voir comment elle arrangeait sa petite maison. Il rencontra Henriette, qui lui demanda où il courait.

ARMAND.

Je vais avec ma bonne arranger une maison pour attraper des souris.

HENRIETTE.

Oh! ce sera amusant! Je veux voir aussi.

— Et moi aussi! » s'écria Paul, qui jouait dehors, devant la cuisine.

Ils entendirent un petit frou-frou. (Page 135.)

En moins de cinq minutes, tous les enfants furent rassemblés et remplirent la cuisine; ce n'était pas, heureusement, le moment du dîner, de sorte qu'ils ne gênèrent personne, excepté la bonne, qu'ils entouraient de si près qu'elle ne pouvait venir à bout de tendre ses ficelles : l'un lui poussait le coude, l'autre lui marchait sur le pied, un troisième lui tirait les mains pour mieux voir. Elle était heureusement douce et patiente, de sorte qu'elle ne se fâchait pas; elle finit par arranger sa souricière.

« A présent, dit-elle, que personne n'y touche. Je vais la monter et la placer dans l'armoire. »

Les enfants la suivirent tous.

LA BONNE.

Si vous faites ce train dans la chambre, la souris se sauvera à l'autre bord du château et nous ne pourrons pas l'avoir.

— Chut! chut! dirent les enfants en s'efforçant de ne pas faire de bruit. — Ne me pousse donc pas, Léonce. — Tu m'écrases les pieds, Henri. — Tu me fais mal aux épaules, Élisabeth. — Aïe! aïe! tu m'étouffes! » criait Paul.

Enfin ils parviennent à se caser et à rester tranquilles. Au bout de quelques instants ils entendirent le petit *frou-frou* dans l'armoire, puis un bruit sec et plus rien.

« La souris est prise, dit la bonne quelques instants après.

— Elle est prise! elle est prise! » crièrent les enfants tous à la fois.

La bonne ouvrit l'armoire, tira la souricière; il y avait une grosse souris étranglée qui pendait par un des trous de la souricière.

« Tenez, la voilà! » dit la bonne en détachant le fil de fer qui avait étranglé la souris.

###### ARMAND.

Mais elle ne bouge pas! ses yeux sont fermés!

###### LA BONNE.

Parce qu'elle est morte; le fil de fer l'a étranglée.

###### ARMAND.

Mais je ne veux pas qu'elle soit morte! Pauvre souris! je la voulais vivante.

###### LA BONNE.

Pour la prendre vivante, il faut une souricière d'un autre genre, avec une petite porte et un grillage à l'autre bout.

###### ARMAND.

Oh! ma bonne, je t'en prie, va chercher une souricière d'un autre genre, comme tu dis. Je voudrais tant avoir une souris vivante!

###### LÉONCE.

Qu'est-ce que tu en feras?

###### ARMAND.

Je la garderai dans une boîte.

###### ÉLISABETH.

Elle la rongera et s'échappera par le trou qu'elle aura fait avec ses dents.

###### ARMAND.

Alors je l'attacherai par la patte.

###### MARGUERITE.

C'est dégoûtant, une souris; ça sent mauvais.

ARMAND.

Je l'attacherai dehors à un arbre.

HENRIETTE.

Mais elle sera très malheureuse; serais-tu content si l'on t'attachait par une jambe et qu'on te laissât tout seul dehors, et la nuit encore?

La souricière.

ARMAND.

Moi, c'est autre chose. Je pense, moi; une souris ne pense pas.

MADELEINE.

Non, mais elle souffre.

ARMAND.

Eh bien, je ne l'attacherai pas. Je t'en prie, ma bonne, attrape-moi une souris vivante.

LA BONNE.

Je le veux bien; mais vous ne l'aurez qu'un jour;

après quoi nous la tuerons, parce qu'elle finirait par s'échapper. »

Armand ne répondit pas; mais il se dit en lui-même qu'il cacherait si bien sa souris, qu'on ne la trouverait pas.

La bonne alla demander une souricière à grillage et à bascule; elle ne tarda pas à en remonter une, avec un petit morceau de lard qui devait attirer les souris. Elle la mit dans l'armoire, comme l'autre, et les enfants attendirent. On ne fut pas longtemps sans entendre la bascule retomber : la souris était prise.

Les enfants avaient attendu avec beaucoup de patience, tant ils avaient envie de voir la souris vivante. Quand la bonne ouvrit l'armoire et en tira la souricière, ils se groupèrent tous autour pour la mieux voir. La pauvre souris ne paraissait pas trop rassurée au milieu de ces cris de joie et de cet entourage, terrible pour elle; car elle se croyait perdue, et on va voir qu'elle avait raison.

ARMAND.

Comment faire pour la tirer de là?

LOUIS.

Ouvre la petite porte et prends-la.

ARMAND.

C'est que... je n'ose pas.

LOUIS.

Tu as peur d'une souris?

ARMAND.

Je crois bien! Une souris a des griffes et des dents!

LOUIS.

Oh! de si petites griffes et de si petites dents!

ARMAND.

Petites, mais pointues. Regarde; vois-tu, quand elle ouvre la bouche, comme on voit de petites dents aiguës?

HENRIETTE.

Alors il vaut mieux la tuer, si tu n'oses pas y toucher. Ce ne sera pas amusant du tout; qu'est-ce que nous en ferons?

ARMAND.

Tu vas voir. Attache-lui une ficelle à la patte.

HENRIETTE.

Je veux bien; quand tu l'auras tirée de sa prison.

ARMAND.

Mais puisque je te dis que j'ai peur.

ÉLISABETH.

Ecoutez, mes amis; si vous me promettez de ne pas faire de mal à cette pauvre petite bête, je vais ouvrir tout doucement la petite porte, et je la prendrai dans ma main.

LA BONNE.

Non, mademoiselle Elisabeth, vous vous saliriez les mains; ça sent si mauvais, une souris! Laissez-moi faire, je vais la prendre et lui attacher un cordon à la patte, sans lui faire de mal. »

Et la bonne s'enveloppa la main d'une serviette, souleva doucement la trappe et saisit la souris au moment où elle allait s'échapper; puis elle lui attacha la patte avec le cordon qu'elle tenait tout prêt de l'autre main.

« Voilà, dit-elle en remettant à Armand le bout du cordon. Tenez bien; ne lâchez pas. »

Et elle posa à terre la souris, qui, se croyant libre, se précipita en avant de toute la vitesse de ses jambes. Sa course ne fut pas longue : le cordon l'arrêta; alors elle se mit à tourner autour d'Armand, qui commença à s'effrayer de voir la souris si près de ses pieds; bientôt il poussa un cri horrible en lâchant le cordon, car la souris grimpait le long de sa jambe. La bonne saisit le cordon et tira; la souris se raccrocha à la jambe d'Armand, qui criait de plus belle; les enfants s'étaient tous réfugiés sur les chaises, les lits et même les tables. La bonne fut obligée de prendre la souris à deux mains pour lui faire lâcher prise.

« Vous voyez, Armand, que ce n'est pas déjà si

La souris grimpait le long de sa jambe.

amusant d'avoir une souris vivante. Voulez-vous que je la tue?

— Oh non! ma bonne; descends-la devant la maison : tu l'attacheras à un arbre.

— Je n'aime pas ce jeu-là, dit Valentine; c'est cruel!

LA BONNE.

Mlle Valentine a raison; il vaut mieux tuer cette bête, déjà à moitié morte de peur. »

Armand supplia tant sa bonne de ne pas la tuer, qu'elle consentit à la descendre et à l'attacher à un arbre. Tous les enfants allèrent voir l'opération, qui ne fut pas longue, et ils regardèrent avec pitié la pauvre souris courir effarée à droite, à gauche, et faire des efforts désespérés pour s'échapper.

Tout à coup la souris s'arrêta comme pétrifiée; tout son corps frémissait; elle poussa quelques cris faibles mais aigus, sans quitter la place où elle était. Les enfants la regardaient avec surprise, ne comprenant pas ce redoublement de terreur. Il leur fut bientôt expliqué quand ils entendirent derrière eux un miaulement féroce, suivi immédiatement d'un bond prodigieux. C'était le chat de la cuisine, qui s'était approché sans bruit et qui regardait avec des yeux flamboyants la malheureuse souris, dont il comptait se régaler. En effet, avant que les enfants eussent eu le temps de l'arrêter, il s'était élancé sur la souris et lui avait broyé la tête. Les enfants poussèrent un cri d'horreur.

« Ma souris! ma souris! criait Armand.

— Pauvre bête! Méchant animal! » s'écriaient les autres.

Et tous se mirent à poursuivre le chat, qui emportait dans sa gueule les restes sanglants de la souris; il avait coupé de ses dents la patte attachée au cordon, et il se sauvait devant les cris des enfants.

Il ne tarda pas à grimper le long d'une échelle

qui le conduisit au grenier, où il put achever tranquillement son dîner improvisé.

Les enfants étaient furieux contre le chat, dont la cruauté les indignait.

« Nous voilà bien en colère contre le chat, dit enfin Élisabeth, et pourtant il n'a rien fait de mal.

**MARGUERITE.**

Comment, rien de mal! il a mangé notre souris, et tu trouves que ce n'est pas mal.

**ÉLISABETH.**

Mais non; le chat mange les souris comme nous mangeons les poulets; seulement nous avons des cuisiniers qui les tuent et les font cuire, tandis que le chat est lui-même son cuisinier.

**SOPHIE.**

Mais il lui a fait un mal affreux avec ses vilaines dents!

**ÉLISABETH.**

Pas si mal que nous le pensons, car il lui a broyé la tête en une seconde. Et croyez-vous que nous ne lui ayons pas fait beaucoup plus de mal par la frayeur que nous lui avons causée?

**JACQUES.**

C'est vrai; elle avait l'air si effrayée, qu'elle me faisait pitié.

**ARMAND.**

Je ne veux plus avoir de souris vivantes; je demanderai à ma bonne de remettre les autres souricières qui les étranglent.

**JACQUES.**

Tu feras très bien, car je vois que ces amusesements sont très méchants. On s'amuse à faire souffrir des bêtes! c'est mal; le bon Dieu n'aime pas cela : c'est Camille qui me l'a dit.

— Et Mlle Camille a bien raison, mes enfants, dit la bonne, qui venait d'entrer.

— Et qu'allons-nous faire à présent? dit Sophie.

— Vous allez tous vous arranger pour le dîner, qu'on va sonner dans dix minutes. »

Les enfants rentrèrent chacun chez eux et se retrouvèrent au salon quelques instants après. Ils racontèrent la fin cruelle de la pauvre souris et promirent de ne plus recommencer des jeux pareils.

« Vous aurez raison, dit Camille; cette souris me rappelle un conte de fées que m'a raconté ma bonne quand j'étais petite.

— Raconte-nous-le, Camille, je t'en prie, s'écrièrent les enfants.

— Je ne demande pas mieux, mais pas à présent; quand nous serons sortis de table. »

ESBROUFFE, LAMALICE ET LA SOURIS.

Près le dîner, les enfants allèrent s'asseoir sur l'herbe, près de Camille, qui leur raconta l'histoire qu'ils attendaient avec impatience.

Il y avait une fois une petite fille nommée Lamalice; elle était pauvre et orpheline; elle avait été recueillie par charité chez des parents pauvres; aussi quelquefois on manquait de pain à la maison, mais jamais Lamalice n'avait l'air de s'en inquiéter.

Ces parents, nommés Sanscœur, traitaient Lamalice avec froideur, et pourtant elle était très bonne.

Tout le monde l'aimait dans le pays, à l'exception d'un gros garçon appelé Esbrouffe, qui avait une maison près de celle des pa_ rents de Lamalice. Il était riche, avare et méchant; il faisait toutes sortes de méchancetés à Lamalice et à ses parents : tantôt il arrachait leurs légumes, tantôt il couvrait d'ordures le linge qu'ils faisaient sécher dans leur jardin. Il leur avait demandé de lui vendre la moitié de ce jardin pour agrandir le sien, et surtout pour avoir un poirier qui donnait de si beaux fruits, qu'il était connu sous le nom de *poirier merveilleux*. Esbrouffe était gourmand et avare; il voulait manger et vendre ces poires merveilleuses. Plusieurs fois il avait essayé d'en voler; chaque fois il lui était arrivé un accident fâcheux : une fois il tomba de l'arbre et se démit le poignet; une autre fois il culbuta dans un baquet d'eau sale.

Lorsque Sanscœur refusa son jardin et son poirier à Esbrouffe, celui-ci jura de s'en venger.

« J'aurai votre poirier, ou je vous ferai mourir de misère et de chagrin! » dit-il avec colère.

Sanscœur leva les épaules, sa femme aussi; Lamalice sourit. Esbrouffe, n'osant s'attaquer aux parents, se tourna vers la petite :

« Tu me payeras ton sourire insolent! dit-il en lui montrant le poing.

— Vas-tu nous laisser tranquilles, faiseur d'embarras, amateur de poires! » dit Sanscœur en se levant et en marchant sur Esbrouffe.

Ce dernier était poltron; il crut prudent de ne pas trop laisser approcher son ennemi, et, ouvrant la porte avec empressement, il sortit en la refermant avec violence. Un petit cri doux, mais aigu, se fit entendre. Lamalice regarda d'où il avait pu venir, et aperçut une souris dont la patte se trouvait prise dans la porte et qui se débattait vainement pour se dégager. Un cri plaintif lui échappait par moments; Lamalice courut à elle, entr'ouvrit la porte et la mit en liberté; mais, la douleur l'empêchant de se sauver, Lamalice la prit et vit sa petite patte sanglante et à moitié coupée.

« Pauvre petite bête! comme elle souffre! Cousine, donnez-moi, je vous prie, de l'huile de mille-pertuis.

— Pourquoi faire enfant? Tu sais que j'en ai bien peu et que je la ménage.

« Tu me payeras ton sourire insolent! »

— Cousine, c'est pour en mettre quelques gouttes à cette pauvre souris, qui a eu la patte écrasée dans la porte.

— Tu crois que je vais user mon huile pour une souris! Jette cette vilaine bête! qu'elle se guérisse comme elle pourra! »

Lamalice ne répondit pas; dans la chambre à côté, quelques parcelles de beurre restaient sur une assiette; elle les ramassa, les mit délicatement sur la patte malade de la souris, et l'enveloppa d'un petit chiffon qui traînait dans un coin; puis elle la posa à terre.

« Lamalice! » dit une petite voix flûtée.

Lamalice se retourna de tous côtés et ne vit rien.

« Lamalice! répéta la même petite voix.

— Qui donc m'appelle? je ne vois personne, dit Lamalice avec surprise.

— Par ici! en bas, à tes pieds », dit la petite voix.

Lamalice regarda à ses pieds, et ne vit que la souris, qui la regardait fixement.

« C'est moi qui t'appelle, dit la souris; je te remercie de m'avoir délivrée, d'avoir soulagé ma souffrance, au lieu de me tuer, comme l'auraient fait tant d'autres. Je veux te témoigner ma reconnaissance; demande-moi ce que tu voudras, je te l'accorderai.

LAMALICE.

Vous êtes donc fée, petite souris, que vous parlez si bien?

LA SOURIS.

Oui, je suis fée, et je peux beaucoup.

LAMALICE.

A votre place, je profiterais de mon pouvoir pour me donner une autre forme que celle d'une pauvre souris, que tout le monde poursuit et que mange le chat.

LA SOURIS.

Ce n'est pas moi qui ai choisi mon triste état,

c'est la reine des fées, qui m'a condamnée à rester souris pendant mille ans, pour me punir d'avoir résisté à ses ordres.

LAMALICE.

Quels ordres?

LA SOURIS.

Tu es bien curieuse, Lamalice; au lieu de tant parler, tu devrais me demander ce que tu désires avoir : je t'ai dit que je te l'accorderais. Veux-tu de l'or, des terres, des bijoux, des maisons?

— Non, dit Lamalice en secouant la tête d'un air réfléchi; à quoi servent la fortune, l'or et tout cela? à rendre paresseux, méchant, orgueilleux. Non, je ne veux rien de ce que vous m'offrez.

LA SOURIS.

Tu ne désires rien?

LAMALICE.

Pardonnez-moi, je désire quelque chose, mais vous ne pouvez pas me l'accorder.

LA SOURIS.

Qu'en sais-tu? Essaye. Dis ce que tu veux.

— Je voudrais, dit Lamalice en rougissant légèrement, débarrasser mes parents du voisinage d'Esbrouffe et l'obliger à s'en aller si loin que nous n'en entendions plus parler.

— Ce sera facile, répondit la souris. Ouvre la porte et suis-moi. »

Lamalice ouvrit la porte; la souris s'élança dehors avec la même vitesse que si elle n'avait pas eu la patte cassée; elle courait si vite que Lamalice avait peine à la suivre : mais elle n'alla pas loin. Au bout du jardin, au pied du poirier, la souris entra dans un petit trou et disparut.

« Il m'est impossible de vous suivre dans ce trou, madame la souris, cria Lamalice en riant. Adieu donc, portez-vous bien, vous et votre patte.

— Tu es bien vive, ma fille », dit une voix derrière elle.

Lamalice se retourna et vit un équipage, qu'elle examina avec la plus grande surprise. Quatre gros rats étaient attelés à une énorme carapace (ou coquille) de tortue, dans laquelle était assise la souris sur un coussin de peau de chat. Devant elle était un coffret à barreaux, au travers desquels on voyait un chat garrotté et muselé, et qui ne pouvait exprimer sa fureur que par ses regards étincelants.

« C'est pour te rendre service que j'ai disparu, continua la souris. J'ai pris et muselé le protecteur de ton ennemi Esbrouffe, qui ne pourra plus résister à mon pouvoir et au tien. Voici, ajouta-t-elle, un dé que tu garderas soigneusement : quand il sera à ton troisième doigt, il te fera travailler avec une vitesse et une adresse merveilleuses ; si tu le mets au second doigt, il te rendra invisible ; au quatrième, il te donnera une force extraordinaire et la puissance de te transporter où tu voudras ; au petit doigt, il te donnera tout l'or que tu voudras avoir. Au moyen de ce dé, tu pourras effrayer et tourmenter Esbrouffe au point de lui faire fuir le pays. »

Lamalice sourit malicieusement, remercia la

La malice se redouble et vit un équipage.

fée avec toute la vivacité de son caractère et se disposait à s'en aller, lorsque la souris la rappela.

« J'ai oublié de te dire que si tu as jamais besoin de moi, tu n'as qu'à toucher ton pied gauche en disant : « Patte cassée, viens à mon secours ». Conserve soigneusement ton dé et n'en parle à personne. Si tu le perdais ou si tu en faisais connaître la puissance, ton ennemi reprendrait tous ses avantages.

— Merci, madame la souris; je n'oublierai pas vos recommandations. »

La souris et son équipage disparurent, laissant Lamalice enchantée du présent de la fée; elle voulut l'essayer sur-le-champ, et, le mettant au quatrième doigt, elle souhaita d'être près d'Esbrouffe. Aussitôt elle se trouva en face de lui et d'un gros tas de pièces d'or qu'il comptait avec avidité.

Quand il vit Lamalice souriante devant lui, il fut saisi d'une grande frayeur.

« Comment es-tu entrée? Toutes les portes sont fermées! »

Pour toute réponse, Lamalice passa son dé au second doigt et disparut aux yeux d'Esbrouffe terrifié.

« Lamalice! dit-il d'une voix tremblante.

— Par ici », dit Lamalice en lui appliquant un violent soufflet sur la joue droite.

Esbrouffe se retourna avec colère, et, ne voyant personne ni auprès, ni devant, ni derrière lui, il resta tremblant et immobile.

« Je l'ai pourtant vue, cette maudite enfant! là, devant moi, regardant mon or.

— Qui est plus beau que toi, dit Lamalice.

— Où est-elle, cette petite insolente, que je la fustige de la bonne façon?

— Par ici, dit Lamalice en lui appliquant un second vigoureux soufflet sur la joue gauche.

Soufflet sur la joue droite.

— Aïe! aie! Oh! là la! Que veut dire cela? s'écria Esbrouffe en retombant sur sa chaise.

— Hou! hou! » lui cria Lamalice dans l'oreille, en répandant d'un coup de main tout son or, qui alla rouler de tous côtés.

Esbrouffe tomba par terre, et, se jetant à plat ventre sur son or, il étendit les bras pour en ramasser le plus possible. Lamalice, satisfaite de ce premier essai des vertus de son dé, souhaita de se trouver chez elle, et, se plaçant près de la porte d'entrée, elle mit le dé dans sa poche.

« Te voilà, petite, dit la mère Sanscœur. Tu as perdu bien du temps. Où as-tu été?

— Dans le jardin, cousine; je vais réparer le temps perdu.

— Le temps perdu ne se rattrape pas, petite. Tu auras beau faire, tu ne finiras pas ton jupon aujourd'hui.

— Vous allez voir, cousine. Quand je m'y mets, mon ouvrage avance. »

Et Lamalice, s'asseyant près de sa cousine, prit son jupon, à peine commencé et qu'une ouvrière habile aurait difficilement terminé en une journée. Ses mains, son aiguille allaient, allaient avec une telle promptitude qu'elle excita l'attention de la mère Sanscœur.

Soufflet sur la joue gauche.

« Pas si vite, pas si vite, petite; tu vas gâcher l'ouvrage, et ce sera à recommencer. Ça a-t-il du bon sens, deux coutures en un quart d'heure!

— Pas de danger, cousine; voyez si c'est mal. »

La mère Sanscœur prit l'ouvrage, l'examina, regarda la petite avec un étonnement qui fit sourire Lamalice, et le lui rendit en disant :

« Je ne te croyais pas si habile que cela, ma fille; je ne t'ai jamais vue faire de si bon ouvrage et si vite. »

Lamalice ne répondit pas et reprit son travail en souriant; deux heures après, le jupon était entièrement fini. La mère Sanscœur n'en pouvait croire ses yeux.

« C'est pourtant vrai, disait-elle à mi-voix en tournant et retournant le jupon dans tous les sens. Elle a fini!... Et très bien cousu!... C'est que je n'en ferais pas autant.... Où donc a-t-elle appris à si bien faire? Et comme c'est venu vite! .. Ça ne ressemble pas à son ouvrage d'hier.... Enfin, c'est comme ça. »

La journée s'avançait; le père Sanscœur allait rentrer de son travail pour souper. Pendant que la mère Sanscœur préparait la soupe et les pommes de terre, Lamalice mit son dé au quatrième doigt.

« Une petite visite à Esbrouffe, se dit-elle; voyons où il en est. »

Elle se trouva en face d'Esbrouffe, qui soupait : devant lui était une assiette de soupe aux choux, à côté un poulet rôti et une tarte aux cerises. A peine eut-il aperçu Lamalice qu'elle disparut.

« Quel cauchemar! dit-il à mi-voix. Je croyais encore voir devant moi cette petite sotte de ce matin! Heureusement que je m'étais trompé.

— Pas tout à fait, dit Lamalice en jetant à terre son assiette de soupe.

— Au secours! Le diable! c'est le diable!

— Pas tout à fait, reprit Lamalice, enlevant le poulet et la tarte, qui devinrent invisibles comme elle.

— Minet! Minet! viens à mon secours. Où es-tu, mon fidèle Minet? »

Lamalice, laissant Esbrouffe en face de son pain sec, se souhaita chez une pauvre famille dans le besoin; elle se trouva dans une misérable chaumière; une pauvre femme partageait entre ses quatre enfants un morceau de pain qui aurait à peine suffi à un seul de ces petits affamés. Le père, pâle et hâve, se cachait le visage de ses deux mains et priait le bon Dieu de venir à son secours.

« Hélas! mon Dieu! disait-il, je n'ai plus la force de travailler sans manger. Du pain, mon bon Dieu! du pain pour mes enfants, pour ma femme et pour moi! »

Un cri joyeux lui fit lever la tête; quelle ne fut pas sa surprise en voyant un gros poulet rôti et une belle tarte! Au moment où il allait demander qui leur avait apporté ce secours si nécessaire, un gros pain, une bouteille de vin et une vaisselle complète vinrent se placer près du poulet. La faim se faisant sentir cruellement, toute la famille commença par manger pain, poulet et tarte, et boire de ce bon vin qui leur donna des forces. Ils se demandèrent ensuite comment tout cela était venu, sans pouvoir répondre à cette question. L'étonnement du père redoubla quand il aperçut quelques pièces d'or au fond d'un verre.

« C'est le bon Dieu qui nous envoie ces trésors.

Mes enfants, remercions-le du fond de nos cœurs. »

Lamalice, enchantée d'avoir si bien employé le souper du méchant Esbrouffe, se souhaita bien vite à la maison; elle s'y retrouva au moment où la mère Sanscœur apportait leur modeste souper : elle en mangea sa part, et de bon appétit, ne regrettant ni ne désirant le poulet gras et la tarte, et se réjouissant d'en avoir régalé la pauvre famille.

―――

« Je suis fatiguée, dit Camille en s'interrompant; il y a longtemps que je parle.

VALENTINE.

Quel dommage! c'est si amusant!

MARGUERITE.

Quand pourras-tu achever?

CAMILLE.

Demain soir, si vous voulez.

SOPHIE.

Il faut bien que nous voulions, puisque tu ne veux pas ce soir.

CAMILLE.

D'ailleurs il est trop tard; nous allons nous coucher tout à l'heure.

ÉLISABETH.

Dites-moi, mes amis, ne trouvez-vous pas, comme moi, que Lamalice est un peu méchante?

JACQUES.

Un peu, mais pas trop; elle a fait peur à ce méchant Esbrouffe; il n'y a pas grande méchanceté à cela.

ÉLISABETH.

Non; mais pourtant il a eu une peur terrible, il reçoit deux soufflets et il soupe avec du pain sec.

PIERRE.

Bah! on n'est pas mort pour cela. En voyage,

Elle partageait un morceau de pain entre ses quatre enfants.
(Page 161.)

on n'a même pas toujours du pain.

VALENTINE.

Où donc? dans quel pays n'a-t-on pas du pain sec?

SOPHIE.

D'abord chez les Chinois, puis chez les Arabes,

puis chez les Grosses-Têtes, puis chez les Grosses Jambes.

LÉONCE, *riant.*

Qu'est-ce que c'est que tous ces gens-là? Où as-tu pris des Grosses-Têtes, des Grosses-Jambes?

SOPHIE.

Je les ai pris où je les ai trouvés, monsieur. Si vous ne savez rien, ce n'est pas une raison pour que je sois comme vous. Je sais des choses très amusantes sur les Chinois.

HENRI, *d'un air moqueur.*

Où les as-tu apprises? Dans ton dernier voyage en Chine.

SOPHIE.

Non, monsieur; je les ai entendu raconter par un ancien missionnaire en Chine, qui s'appelait l'abbé Huc.

HENRI.

Et que te racontait ce missionnaire?

SOPHIE.

Vous ne le saurez pas, monsieur; je le raconterai aux autres, mais pas à vous.

HENRI.

Qu'ai-je donc fait, pour te mettre en colère contre moi?

SOPHIE.

Ce que tu as fait? Tu t'es moqué de moi, comme tu fais toujours; je voudrais avoir le dé de Lamalice pour te donner quelques tapes sans que tu pusses me les rendre.

HENRI.

Tu n'as pas besoin du dé de Lamalice pour taper : nous en savons tous quelque chose.

SOPHIE.

Bah! bah! Quand j'ai le malheur de vous toucher, vous savez bien me le rendre; et c'est pourquoi je voudrais être invisible pour vous taper à mon aise quand vous m'impatientez.

CAMILLE.

Heureusement pour nous que tu es très visible, et, heureusement pour toi, tu es plus méchante en paroles qu'en actions : à t'entendre, on croirait que tu es en colère, injuste, égoïste, et au fond tu es très bonne et très aimable.

SOPHIE.

Merci de le dire, et surtout de le penser, ma bonne Camille; c'est bien toi qui es bonne et aimable.

MARGUERITE.

Quand finiras-tu *Esbrouffe et Lamalice*? Je voudrais bien savoir si Lamalice parvient à le chasser.

CAMILLE.

Demain j'espère finir; mais c'est très long; je ne sais si je pourrai. »

Des bâillements commençaient à se faire entendre; les plus jeunes se pelotonnaient ou s'étendaient sur l'herbe pour dormir; les plus grands même cherchaient à appuyer leurs têtes et leurs coudes. Ces mouvements, accompagnés de silence, attirèrent l'attention des mamans, qui les envoyèrent tous se coucher, ce que firent les enfants avec empressement.

Le lendemain soir il faisait un temps superbe; on s'assit de nouveau sur l'herbe, et Camille reprit son histoire.

# ESBROUFFE, LAMALICE ET LA SOURIS.

## (SUITE.)

ESBROUFFE avait mangé son pain sec, la rage dans le cœur, désirant se venger, et ne sachant sur qui ni comment.

« Si du moins, pensait-il, j'étais sûr que ce fût cette petite coquine de Lamalice qui me joue tous ces tours! mais, lorsque je crois la voir, elle disparaît; ce n'est donc pas elle. C'est égal, c'est sa voix que j'entends, c'est elle que je crois voir, et c'est sur elle que je me vengerai! Demain matin j'irai lui faire une visite quand le père sera parti pour son travail, et nous verrons! »

Consolé par cet espoir de vengeance, Esbrouffe se coucha, quoique tremblant encore et regrettant amèrement son Minet, qui l'aidait dans toutes ses méchancetés avec une intelligence merveilleuse. Le lendemain il guetta le départ de Sanscœur, et, quand il le crut assez loin, il entra chez Lamalice, qui travaillait déjà près de sa cousine.

« Déjà à l'ouvrage, la voisine! Pour qui travaillez-vous avec tant d'ardeur?

— Ce n'est pas pour vous, bien sûr!... Maladroit! » s'écria-t-elle en se relevant vivement.

Esbrouffe avait répandu sur l'ouvrage de la femme Sanscœur un encrier plein qu'il tenait à la main.

« C'est de la méchanceté et pas de la maladresse, dit Lamalice en regardant le sourire méchant et hypocrite du gros Esbrouffe.

ESBROUFFE.

Hélas! mon Dieu! comment pouvez-vous croire cela? Je suis désolé! mon encre perdue!

LAMALICE, *vivement*:

Vous payerez le jupon que vous avez abîmé; nous n'avons pas de quoi.

ESBROUFFE.

Moi? par exemple! Vous ne m'y forcerez certainement pas.

— C'est ce que nous verrons! » dit Lamalice en quittant la chambre.

Esbrouffe profita de l'absence de Lamalice pour faire quelque nouveau dégât. Il allongea la main pour saisir et jeter par terre une pile d'assiettes posées sur le buffet. Avant d'avoir pu les atteindre, il se sentit enlever par les cheveux et resta suspendu en l'air, criant et gigotant à outrance. C'était Lamalice, qui n'était sortie que pour rentrer invi-

Il se sentit enlever par les cheveux.

sible en plaçant son dé à son quatrième doigt ; elle enleva Esbrouffe comme une plume, et lui dit à l'oreille, en déguisant sa voix :

« Demande bien vite pardon et paye le jupon.

— Jamais, jamais ! » cria Esbrouffe en gigotant de plus belle.

Pan! pan! Deux soufflets formidables accompagnèrent un second ordre de demander pardon et de payer.

« Non, non, jamais! » cria encore Esbrouffe.

Une grêle de coups tomba sur la large face, le gros dos, les larges épaules, le ventre rebondi d'Esbrouffe, qui hurlait, criait, jurait, menaçait en vain. Enfin, vaincu par la douleur, il dit d'une voix enrouée :

« Pardon, pardon, je payerai! »

A l'instant même il se sentit à terre et délivré des griffes qui le tenaient. Il regarda autour de lui avec effroi, et, ne voyant rien que la mère Sans-cœur, qui regardait cette scène avec un étonnement comique, il se rassura, rajusta son habit, sa cravate, passa la main dans ses cheveux et voulut sortir. Un coup de pied violemment appliqué au-dessous de la chute des reins le renvoya au milieu de la chambre.

« Paye! entendit-il à son oreille.

— Non, c'est une volerie, c'est une.... Aïe! aïe! au secours! » cria-t-il en sautant et courant autour de la chambre.

C'est qu'un nombre infini de coups de pied le faisaient gambader et courir plus vite qu'il n'aurait voulu. Brisé, moulu, il tomba à terre en criant : « Je payerai! »

Les coups avaient cessé; il chercha à se relever, mais une force extraordinaire le retint à terre, et la voix lui dit :

« Tu ne seras libre que lorsque tu auras payé. »

Plusieurs efforts inutiles, toujours suivis d'un ou deux soufflets, lui prouvèrent la nécessité de céder. Il enfonça sa grosse main dans la poche de son gilet et en tira une bourse bien garnie.

« Combien dois-je vous payer votre jupon taché? demanda-t-il d'un ton bourru.

— Vous me donnerez quinze francs. Je l'ai payé cela moi-même.

— C'est affreux, ça! Quinze francs! je ne peux pas.... »

Il n'acheva pas; une rude secousse vint lui rappeler sa promesse.

« Tenez, voici les quinze francs. Vous êtes des voleurs; je vous dénoncerai à la justice.

— Laissez donc! Des voleurs! on nous connaît dans le pays. Ce n'est pas vous qu'on croira. Pourquoi venez-vous ici? Qui est-ce qui vous demandait? Je ne comprends rien à vos simagrées, à vos cris, à vos gambades. Payez le dégât que vous avez commis, allez-vous-en et ne revenez plus : je ne vous demande pas autre chose. »

Esbrouffe, vaincu par son ennemi invisible, jeta

Un coup de pied lui fut appliqué.

les quinze francs sur la table sans mot dire et sortit au moment où Lamalice rentrait. La mère Sanscœur lui raconta ce qui s'était passé, sauf les paroles de Lamalice, qu'elle n'avait pas entendues, de sorte qu'elle ne comprenait rien à la conduite d'Esbrouffe.

« Bien sûr qu'il a perdu l'esprit. Il m'a réellement fait peur un moment ; ses pieds ne posaient pas à terre ; il criait, il gigotait, il hurlait. Et puis ce garçon, qui ne donnerait pas un sou pour sauver la vie d'un homme, et qui me donne quinze francs sans que je les lui demande !

— C'est vrai, cousine, que c'est singulier ; mais j'aimerais mieux tout de même que ce méchant homme ne vînt pas chez nous.

— Je crois bien, petite, qu'il n'y viendra pas souvent. »

La mère Sanscœur et Lamalice se remirent à l'ouvrage. Quand la mère Sanscœur alla préparer le dîner, Lamalice, qui était libre de s'amuser, se souhaita près d'Esbrouffe ; elle n'eut pas beaucoup de chemin à faire, car il était près du mur qui séparait les deux jardins. Sa poche était pleine de pierres, qu'il lançait contre les fruits du poirier merveilleux. Il n'avait pas encore réussi à en attraper une seule. Lamalice, plus habile que lui, ramassait et lançait aussi des pierres qui tombaient des mains d'Esbrouffe et attrapait à tout coup ses joues et son nez rouges. Il crut d'abord que quelque chose lui avait sauté à la figure, mais la quantité de blessures qu'il recevait lui fit craindre une nouvelle attaque de son ennemi invisible, et il se retira précipitamment; les pierres le poursuivirent jusqu'à la porte de sa maison. Rentré chez lui, il se bassina avec de l'eau fraîche. Quand il eut fini, la terrine qui contenait l'eau lui sauta à la figure et l'inonda des pieds à la tête; au même moment, la cruche en fit autant, puis le pot à eau, puis la bouteille d'huile et un grand pot de lait qui contenait son déjeuner du lendemain.

Effrayé, suffoqué, Esbrouffe tomba sur une chaise; cette fois il ne cria pas, il pleura.

« Que faire ? que devenir ? où me cacher ? Comment éviter ce démon qui m'assomme de coups, qui me fait mourir de faim, qui me vole mon pauvre argent, qui m'inonde de saletés ?

— Corrige-toi, lui dit une voix; deviens juste et bon, et on te laissera en paix, ou bien quitte le pays. »

Esbrouffe ne répondit pas; mais il se dit en lui-même qu'il lui serait trop pénible d'être juste et bon, et qu'il aimait mieux rester comme il était et quitter le pays.

Il fut obligé de se laver des pieds à la tête et de changer de vêtements; les siens étaient pleins d'eau, d'huile, de crème.

Lamalice était rentrée sans que sa cousine se fût aperçue de son absence. Pendant leur repas, la mère Sanscœur reparla plusieurs fois d'Esbrouffe et de la scène bizarre qu'il avait faite.

« Ce que je comprends moins encore, dit-elle, ce sont les quinze francs qu'il m'a donnés.... Ah !

mon Dieu! Lamalice, où es-tu? Par où a-t-elle passé, que je ne l'ai ni vue ni entendue sortir?

— Je suis ici, cousine, près de vous.

— Où donc? Je ne te vois pas. »

La mère Sanscœur se tournait de tous côtés : personne. Elle entendait la petite, mais ne la voyait pas. Effrayée de ce prodige, elle allait appeler au secours, quand Lamalice apparut sur sa chaise, près de sa cousine et la regardant avec un air fort embarrassé. Nouvelle surprise. Lamalice, rouge, les yeux baissés, ne disait mot. La mère Sanscœur prenait un air de plus en plus mécontent :

« Lamalice! que veut dire cela? Comment as-tu fait pour disparaître et reparaître? Dis-moi vrai. Voyons, parle.

— Cousine, je ne puis rien vous dire, répondit Lamalice les larmes aux yeux.

— Pourquoi cela? Parce que tu n'oses pas m'avouer que tu es en rapport avec le diable?

— Oh! cousine, comment pouvez-vous croire...?

— Alors explique comment tu as disparu comme tu l'as fait.

— Tout ce que je puis vous avouer, cousine, c'est qu'on m'a défendu de rien dire.

— Et tu crois que je vais te garder dans ma maison pour être ensorcelée, endiablée comme toi! Tiens, tu n'es plus ma parente. Va-t'en, que je ne te revoie plus.

— Cousine, je vous en supplie, ne me chassez pas, je suis innocente, je vous le jure. Attendez, du moins, jusqu'au retour de mon cousin, ce soir.

La terrine, la cruche, le pot à eau lui sautèrent à la figure. (Page 173.)

— Je veux bien t'accorder cette dernière demande. Prends ton ouvrage et travaille. »

Lamalice, les yeux troublés par les larmes, cherchait son dé sans le trouver. C'était ce dé qu'elle avait mis par distraction à son quatrième doigt, qui l'avait rendue invisible aux yeux de sa cousine; aussitôt que Lamalice s'en était aperçue, elle l'avait retiré, et, dans son trouble, au lieu de le mettre dans sa poche, elle l'avait posé près d'elle sur la table. Sa cousine l'avait pris et mis dans sa poche sans y penser.

« Que cherches-tu? lui demanda-t-elle durement.

— Mon dé, cousine, pour travailler....

— Tu en as plus d'un; prends-en un autre, il fera tout aussi bien. »

Lamalice n'osa pas répliquer, mais, tout en travaillant, elle regardait de côté et d'autre pour tâcher de retrouver le précieux dé. Son travail n'avançait pas; il allait mal; les points étaient inégaux. Sa cousine se plaça près d'elle pour coudre; elle sortit un dé de sa poche, c'était celui de Lamalice.

« Le voilà, ton dé! Mais je ne te connaissais pas celui-là. Il va bien à mon second doigt. Je ne sais pas pourquoi ce dé me fait penser à Esbrouffe. Que je voudrais donc savoir ce qu'il fait! »

A peine avait-elle émis ce vœu qu'elle se trouva dans la chambre d'Esbrouffe, qui comptait son or. Elle poussa un cri d'effroi; il fut répété par Esbrouffe.

« Toi et ta cousine, vous êtes donc deux démons chargés de me faire mourir de frayeur, s'écria-t-il en tremblant. Hier c'était elle; aujourd'hui c'est toi. »

La frayeur de la mère Sanscœur rendit un peu de courage à Esbrouffe. Se levant lentement de dessus sa chaise, il marcha vers son ennemie, qui semblait pétrifiée, et, lui saisissant les mains, il la tira vers la porte, qu'il ouvrit, et la mit dehors. La mère Sanscœur ne résista pas; elle n'était pas revenue de son étonnement quand elle rentra chez elle. Lamalice, pâle, tremblante, se précipita au-devant d'elle et, lui saisissant les mains, ne vit pas son dé; elle s'écria avec angoisse :

« Mon dé, mon dé! qu'avez-vous fait de mon dé?

— Est-ce que je sais, moi? Il est tombé et resté chez Esbrouffe, où je me suis trouvée transportée je ne sais comment et par qui.

— Ah! cousine, qu'avez-vous fait? Sans mon dé, nous sommes perdues; Esbrouffe nous tient en son pouvoir; il va chercher à se venger. »

La mère Sanscœur tombait de surprise en surprise. Lamalice, voyant son dé perdu, raconta son aventure avec la souris, le présent de la fée et sa défense de révéler la vertu du dé et de le perdre.

La mère Sanscœur fut atterrée.

« Comment ravoir ce dé, tombé sans doute dans quelque coin où il reste inaperçu?

— J'ai trouvé, dit Lamalice.

— Que vas-tu faire, pauvre fille?

— Vous allez voir, cousine ; je vais chercher deux poires du poirier merveilleux ; je lui dirai que vous étiez venue tantôt les lui apporter, qu'il vous a effrayée, et que cela vous a fait oublier de les lui offrir. Il est gourmand, les poires lui fermeront la bouche, et il me laissera chercher mon dé. Laissez-moi y aller seule ; il aurait peur de nous deux.

— Va, petite, va ; et que Dieu te protège ! »

Lamalice courut chercher les poires, arriva lestement chez Esbrouffe, frappa à la porte et entra.

« Encore toi ! s'écria Esbrouffe avec colère.

— Je vous apporte des poires, monsieur Esbrouffe ; vous avez fait si peur à ma cousine, qu'elle n'a pas osé vous les offrir ; mais je sais que vous les aimez, et je vous les rapporte.

— Tiens, tiens, tiens, dit Esbrouffe avec méfiance. Qu'est-ce qui vous prend donc d'être si généreuses ? Donne tes poires. Bonsoir, petite.

— Pardon, monsieur Esbrouffe ; voulez-vous me permettre de chercher mon dé, que ma cousine a fait tomber chez vous ?

— Cherche, pendant que je mange les poires. »

Lamalice chercha partout, dans les coins, sous les meubles, elle ne trouva rien. En se penchant près du fauteuil d'Esbrouffe, le chat qu'elle avait vu emprisonné dans le char de la souris lui apparut tenant le dé dans sa gueule, le faisant tomber, puis rouler avec ses pattes. Lamalice s'approcha avec précaution, parla doucement au chat, et voulut saisir le dé dans un moment où il roulait à terre. Un coup de griffes de Minet lui déchira la main et lui fit pousser un cri; d'une autre main elle chercha à rattraper le dé qui roulait vers elle; le chat allongea sa patte, couvrit le dé de ses griffes et resta immobile, regardant Lamalice avec des yeux flamboyants.

« Voyons, en voilà assez, dit Esbrouffe; j'ai fini mes poires, va-t'en.

— Mon dé! s'écria Lamalice; votre chat a mon dé sous sa patte!

— Ce n'est pas une grande perte; mon chat m'est revenu il y a une heure, je ne veux pas qu'on le taquine. Va-t'en et laisse-nous tranquilles. »

Lamalice ne pouvait se décider à s'en aller sans son dé; Esbrouffe, la prenant par les épaules, allait la mettre dehors, quand elle se souvint de la recommandation de la fée; se baissant rapidement et touchant son pied gauche, elle dit tout bas :

« Patte cassée, viens à mon secours. »

Au même instant, Esbrouffe se trouva lancé et collé contre le mur de sa chambre; le chat disparut, et le dé se retrouva au quatrième doigt de Lamalice. Elle quitta tranquillement la maison d'Esbrouffe et rentra chez elle, où elle trouva sa cousine qui l'attendait avec inquiétude; elle lui raconta le succès de son invocation à la souris.

« En voilà assez pour ce soir, mes amis, dit

Elle prit les deux poires et arriva chez Esbrouffe. (Page 179.)

Camille; j'ai la gorge desséchée à force d'avoir parlé.

JACQUES.

Je voudrais bien savoir si Esbrouffe fera encore quelque méchanceté à Lamalice.

CAMILLE.

Je crois bien, et une fameuse, mais qui sera la dernière.

LOUIS.

Dis-nous ce que c'est, Camille.

CAMILLE.

Non, non, demain vous saurez tout; pour aujourd'hui, c'est assez. »

Les enfants durent, bon gré mal gré, attendre au lendemain soir pour connaître la fin de l'histoire d'Esbrouffe et de Lamalice. Quand l'heure de raconter fut venue, Camille fut entourée et tourmentée par les enfants, jusqu'à ce qu'elle eût commencé son récit.

---

Après le départ de Lamalice, Esbrouffe appela son chat; mais il avait encore disparu sans qu'il pût comprendre en quel moment et par quel moyen.

« C'est singulier! se dit Esbrouffe, je ne conçois rien à ce qui m'arrive depuis deux jours; on paraît, on disparaît, je me sens battu, souffleté.... Je suis presque certain que c'est Lamalice qui me vaut tout cela, et je crois avoir trouvé le bon moyen de me venger de cette petite fille et de ses parents.

J'ai mon idée ; demain je l'exécuterai. La fille sera brûlée ou pendue, et j'aurai leur jardin et leur poirier. »

Pendant ces réflexions du méchant Esbrouffe, Lamalice, enchantée d'avoir retrouvé son dé, se mit à l'ouvrage ; mais l'ouvrage n'avançait pas : le dé était bien à son doigt pourtant. Inquiète de ce changement, elle voulut essayer les autres vertus du dé, et, le mettant au quatrième doigt, elle demanda à sa cousine :

« Me voyez-vous, cousine ?

— Je crois bien, que je te vois ; je ne suis pas encore aveugle, Dieu merci.

— Hélas ! mon dé a perdu ses vertus ! il ne nous défendra plus contre Esbrouffe. »

Pendant qu'elle parlait, la souris parut au milieu de la chambre :

« Tu m'as désobéi, Lamalice ; tu as dit à ta cousine ce que je t'avais défendu de raconter. Tu as perdu ainsi la puissance que je t'avais donnée pour résister à Esbrouffe. Je t'avais pourtant avertie. Ne t'en prends qu'à toi des malheurs qui te menacent. »

Lamalice pleurait sans répondre. Qu'aurait-elle dit ? La souris avait raison. Mais la souris était une bonne fée : les larmes de Lamalice et son silence l'attendrirent.

« Écoute, lui dit-elle, il y a un moyen pour toi de retrouver ce que tu as perdu ; c'est de consentir à garder le minet d'Esbrouffe prisonnier chez toi malgré ses menaces et surtout ses promesses. Si tu le gardes fidèlement, sans jamais lui permettre de quitter sa prison et sans jamais oublier de lui donner une souris pour son repas du matin et du soir, je te continuerai ma protection. Acceptes-tu?

LAMALICE.

Mais comment ferai-je, madame la souris, pour me procurer une souris deux fois par jour et tous les jours? Je ne puis courir après elles pour les attraper.

LA SOURIS.

Non, mais tu peux les prendre dans des pièges, dans des souricières. Encore une fois, acceptes-tu?

LAMALICE.

Et si je refuse, qu'en arrivera-t-il?

LA SOURIS.

Que tu seras, comme auparavant, tourmentée par Esbrouffe, furieux des tours que tu lui as joués.

LAMALICE.

Et si je ne puis avoir de souris en quantité suffisante pour le chat?

LA SOURIS.

Alors tu retomberas au pouvoir du chat, qui est le méchant génie protecteur d'Esbrouffe, et qui se vengera sur vous tous de l'emprisonnement que je lui ai fait subir.

LAMALICE.

Et mes parents, si je refuse de garder le minet?

LA SOURIS.

Tes parents n'ont rien à craindre; toi seule, tu es menacée.

— Alors je refuse, dit Lamalice sans hésiter.

LA SOURIS.

Prends garde, Lamalice; réfléchis bien.

LAMALICE.

Je n'ai pas besoin de réflexion pour voir que si j'acceptais les conditions que vous voulez bien me proposer et que je ne pusse pas les remplir, j'entraînerais mes parents dans mes malheurs; tandis que, restant comme je suis, il n'y a que moi qui coure des dangers.

LA SOURIS.

Adieu, Lamalice. Si tu changes d'avis, appelle-moi; il sera temps jusqu'à ta mort. »

La souris disparut. La femme Sanscœur n'avait rien dit pendant la conversation de Lamalice avec la souris. Quand cette dernière eut disparu :

« Je trouve que tu as eu tort, dit-elle; tu aurais facilement trouvé deux souris par jour, et tu nous aurais débarrassés de ce méchant Esbrouffe.

LAMALICE

Et si j'avais manqué de souris un jour seulement, vous en auriez souffert comme moi, tandis qu'à présent moi seule serai l'objet de la colère d'Esbrouffe.

MÈRE SANSCŒUR.

Tu as raison. D'ailleurs, quel mal peut-il te faire? Tu sauras bien te défendre, comme tu l'as fait jusqu'à présent.

— Oui, cousine », dit tristement Lamalice, qui était peinée de voir sa cousine prendre si froidement les dangers dont elle était menacée

La journée s'acheva tranquillement; Lamalice

avait gardé son dé, mais il n'était plus qu'un dé très ordinaire; il empêchait son doigt d'être piqué.

Le lendemain de bonne heure, un bruit assez étrange se fit entendre à la porte de la maison; plusieurs personnes semblaient se quereller à mi-voix; on avançait, on reculait. Lamalice, qui déjeunait avec ses parents avant de se mettre à l'ouvrage, alla voir ce qui se passait; elle ouvrit la porte; à peine avait-elle avancé d'un pas, que des cris d'effroi se firent entendre, et une troupe de gens amenés par Esbrouffe se sauvèrent de tous côtés. Lamalice, surprise de ces cris et de cette fuite, leur demanda ce qu'il y avait.

« Arrêtez la sorcière! cria Esbrouffe. Prenez garde qu'elle ne vous échappe; elle glisse dans les mains comme une anguille. »

Les plus hardis s'avancèrent d'un air craintif, et, s'approchant de Lamalice, ils voulurent la saisir; Lamalice, effrayée, rentra précipitamment en refermant la porte sur elle. Le tumulte et les cris recommencèrent. Sanscœur et sa femme ne savaient quel parti prendre; ils devinaient qu'Esbrouffe avait fait croire aux gens du village que Lamalice était une sorcière, c'est-à-dire une protégée du diable, et qu'au moyen de la puissance du démon elle pouvait donner des maladies, causer des incendies, des tempêtes et tous les malheurs possibles aux personnes dont elle avait à se venger.

Le père Sanscœur chercha à sauver sa petite

cousine de la fureur des gens rassemblés devant la porte; il la fit passer dans la chambre à côté, ouvrit une trappe qui menait à la cave, l'y fit descendre, referma la trappe, jeta dessus du linge qu'il tira d'une armoire, et rentra promptement dans la première chambre, au moment où la foule brisait la porte et entrait dans la maison avec Esbrouffe en tête.

« Où est la sorcière? crièrent-ils tout d'une voix.

— De quelle sorcière parlez-vous, mes amis? où donc est-elle? Pour moi, je n'en connais pas dans le pays.

— Il y en a une, c'est votre cousine, nous la voulons pour la brûler sur la place.

— Et vous pouvez croire un mensonge pareil? Lequel de vous a souffert de ma cousine? Vous a-t-elle jamais fait le moindre mal? N'a-t-elle pas, au contraire, toujours cherché à vous rendre service? N'est-elle pas une fille pieuse, allant à l'église et priant avec vous tous? Vous voyez bien qu'on vous a trompés, qu'on s'est moqué de vous, et qu'on vous a fait sortir si matin de chez vous et dérangés de vos travaux par pure méchanceté.

— C'est vrai, cela. Une sorcière ne se conduit pas comme Lamalice.

— Une sorcière ne prie pas, ne va pas à l'église.

— Une sorcière a l'air sournois et méchant; Lamalice a un visage gai et aimable.

— D'ailleurs on n'a jamais vu une sorcière de dix ans. Ce sont de vieilles femmes qui se font sorcières.

— Pourquoi donc nous avez-vous menti, Esbrouffe?

— Pourquoi nous avez-vous dérangés de notre travail?

— Pourquoi nous avez-vous amenés ici pour faire peur à ces braves gens et nous faire faire une sottise?

— Vous serez la cause que tout le village va rire de nous et de notre belle équipée.

— A bas Esbrouffe!

— Une roulée à Esbrouffe.

— Pan! Voilà pour t'apprendre à mentir.

— Pan! pan! pif! paf! » Les coups pleuvaient sur Esbrouffe, qui faisait gros dos et mine piteuse, mais qui n'en reçut pas moins une grêle de coups de poing et de coups de pied.

« Vous vous trompez, mes bons amis; je n'ai pas menti, je n'ai pas calomnié. Je vous jure que j'ai vu plusieurs fois Lamalice entrer chez moi, les portes bien fermées, puis disparaître sans que je pusse deviner comment; que je l'ai entendue parler à mon oreille sans la voir; qu'elle m'a souffleté, battu, sans qu'il me fût possible de l'apercevoir; qu'en un mot elle est sorcière si jamais il en fut. »

Esbrouffe parla tant, qu'il parvint encore une fois à leur faire croire que Lamalice était une sorcière; et cette foule, qui avait failli le mettre en pièces quelques instants auparavant, se remettait sous sa direction pour commettre une odieuse injustice.

Cette fois, Sanscœur ne put parvenir à se faire

entendre; il eut peur pour lui-même, et, abandonnant sa cousine à la vengeance d'Esbrouffe et à la fureur du peuple, il se sauva par une porte de derrière, entraînant sa femme avec lui.

Lamalice entendait ce qui se disait et ce qui se faisait; à moitié morte de terreur, elle était tombée le visage contre terre et restait immobile dans cette position.

« Souris, souris, avait-elle pensé, vous m'avez abandonnée! »

La foule l'avait cherchée partout et se disposait à se retirer, pensant qu'elle s'était enfuie, comme ses parents, par la porte de derrière. Esbrouffe, furieux de voir sa vengeance lui échapper, continuait ses recherches; le linge blanc qui se trouvait par terre excita ses soupçons; il le retira, aperçut la trappe, la souleva et, à sa grande joie, vit la malheureuse enfant étendue à terre au milieu de la cave.

« La voici, je l'ai trouvée! A moi, mes amis! Prenons la sorcière. »

La foule accourut; deux hommes descendirent l'échelle qui menait à la cave, relevèrent Lamalice, pâle et sans mouvement, et la montèrent, non sans quelque répugnance. Cette enfant leur faisait pitié, ils ne croyaient guère aux paroles d'Esbrouffe, qu'ils méprisaient et détestaient au plus haut point.

« La voilà, dirent-ils en la posant à terre; la pauvre enfant fait pitié. Je vous demande un peu si ça a l'air d'une sorcière! Une enfant si jeune!

— Mes chers amis, je vous assure, commença Esbrouffe d'un air mielleux....

— Tais-toi, vieux pot à lard; tu ne parles que pour mentir.

— C'est toi qu'on devrait brûler sur la place!

— Quelle belle grillade tu ferais!

— Et quelles couleurs te donnerait le feu!

— Non, pas au feu, mais à l'eau, le gros Esbrouffe! Il surnagera.

— A l'eau, la langue de vipère!

— A l'eau, le cœur de pierre qui n'a eu aucune compassion de cette malheureuse enfant! »

Pour le coup, Esbrouffe se sentit perdu; il voulut parler; un coup de poing lui ferma la bouche en lui brisant quatre dents. Il voulut fuir; quatre bras vigoureux l'arrêtèrent au départ. La peur le prit; il trembla comme il avait fait trembler sa victime, et, comme elle, il tomba à terre. Mais, au lieu d'inspirer la pitié, il inspira le dégoût. On le releva, on le soutint, en riant de sa peur, et on allait le faire marcher pour lui administrer une rude correction, lorsque Lamalice, revenue à elle depuis quelques instants et voyant le changement d'idées de la foule, résolut de sauver cet infortuné au péril de sa propre vie.

Elle apparut plus pâle qu'un fantôme; tous s'arrêtèrent.

« Grâce pour cet homme! dit-elle. Grâce, mes amis; grâce pour lui!

— C'est lui qui voulait te faire brûler comme sorcière.

— Je le sais; mais je pardonne. Pardonnez-lui aussi.

— Mais il ne vit que de méchancetés.

— Et vous, mes amis, vivez de bonté et de générosité. Pardonnez-lui de vous avoir trompés et dérangés : le crime n'est pas grand.

— Tu es une bonne fille, tout de même !

— Et dire que nous te prenions pour une sorcière !

— Et que nous voulions te faire mourir !

— Grâce à cet être dégoûtant ! s'écria un des hommes qui le soutenaient et qui le jeta par terre.

— Vive Lamalice ! Un triomphe pour Lamalice !

— Oui ! oui ! oui ! Un triomphe ! Portons-la dans le village ! elle mérite cet honneur ! »

Et, malgré la résistance de Lamalice, ils la placèrent sur une chaise tenue par quatre hommes et la portèrent autour de la place en criant :

« Vive Lamalice ! A bas Esbrouffe ! »

Lamalice aurait bien voulu se sauver et rentrer chez elle, mais elle chercha en vain à s'échapper ; la foule croyait réparer le mal qu'elle avait fait ; d'ailleurs cette promenade amusait ces bonnes gens ; tout ce qui est nouveau et bruyant amuse la foule ; on hurle parce que les autres crient ; on court parce que les autres marchent. On ne donna à Lamalice sa liberté que lorsque chacun fut las de crier et de courir.

Pendant le triomphe de Lamalice, Esbrouffe avait reçu sa punition. Une partie de la foule était restée un peu en arrière ; on avait attaché Esbrouffe sur une échelle que quatre hommes portaient en l'air ; tous criaient : « A bas Esbrouffe le menteur !

Ils la portèrent en triomphe.

— Un bain à Esbrouffe le calomniateur! s'écria une voix; il voulait faire brûler la petite, lavons-le de cette sale pensée.

— A l'eau! à l'eau! » hurla la foule en se dirigeant vers une mare qui servait ordinairement d'abreuvoir.

Ils approchèrent de la mare, penchèrent l'échelle, la laissèrent tomber dans l'eau.

Floque! Esbrouffe fit un plongeon, puis un second, puis un troisième; enfin on le détacha, et on lui rendit sa liberté, après quelques claques de côté et d'autre. La foule lui jeta encore quelques pierres, et se dispersa.

Esbrouffe restait seul; ses membres engourdis par les cordes, par le froid de l'eau et de ses habits mouillés retardaient sa fuite

« S'ils allaient revenir! se disait-il. Les méchants gueux! les lâches! les misérables! Comment rester dans le pays après une telle honte? Je partirai; cette nuit je ferai mes paquets, j'emporterai mes sacs d'or et j'irai à cinq cents lieues d'ici.... J'entends du bruit!... Quelqu'un vient!... Je suis perdu! »

Quelqu'un venait en effet, mais c'était Lamalice, qui fuyait comme lui la foule et qui courait pour rentrer chez elle. Elle aperçut Esbrouffe et eut peur. Mais la marche lente, l'air abattu de son ennemi la rassurèrent; en passant devant lui, elle lui jeta un regard craintif et s'aperçut que ses vêtements étaient trempés et qu'il semblait marcher avec peine.

Elle s'arrêta et lui demanda avec intérêt :

« Qu'avez-vous, monsieur Esbrouffe? Voulez-vous que je vous aide à revenir jusque chez vous?

— Oui », dit Esbrouffe en acceptant l'appui que lui offrait Lamalice.

Ils furent longtemps avant d'arriver. Esbrouffe grelottait, tremblait et s'arrêtait sans cesse; Lamalice ne témoigna aucune impatience; il ne parlait pas, elle ne disait rien non plus. Quand ils furent arrivés devant la porte d'Esbrouffe, il quitta Lamalice et lui dit merci sans la regarder, ouvrit sa porte et la referma sur lui. Lamalice pensa qu'il aurait pu la remercier mieux que cela.

« Mais, se dit-elle, ce n'est pas sa faute : il n'a pas de cœur, le pauvre homme. »

Quand elle entra, elle ne trouva personne : pourtant le couvert était mis, le souper était servi; et quel souper? jamais Lamalice n'en avait mangé un pareil! Un poulet rôti et une tarte aux fraises.

« Que veut dire cela? dit-elle. Le même excellent souper que j'avais pris à Esbrouffe et que j'ai donné à ces pauvres gens que je ne connais pas. Il

On lui jeta encore quelques pierres. (Page 195.)

n'y a qu'un seul couvert; où sont donc mes parents? Je vais les attendre, quoique j'aie bien faim.

— Mange, Lamalice, mange, ne les attends pas; ils sont bien loin et ne reviendront pas ce soir. »

Lamalice se retourna pour voir qui parlait ainsi; elle vit la souris, qui la regardait avec des yeux bienveillants.

« Je ne t'ai pas abandonnée, ma fille, quoique tu n'aies pas voulu invoquer mon pouvoir. Tu avais, il est vrai, révélé à ta parente le secret de la puissance du dé, mais tu avais fait un bon usage de mon présent; tu as puni Esbrouffe dans une sage mesure; tu as été charitable envers une pauvre famille; tu n'as pas profité pour t'enrichir des vertus du dé. Tu t'es repentie de ta désobéissance; tu t'es dévouée pour des parents qui ne méritent pas ton affection; tu as rendu à Esbrouffe le bien pour le mal. C'est moi qui ai changé les sentiments de la foule à ton égard. Sans moi, tu aurais été brûlée comme sorcière. A l'avenir, je veillerai sur toi; tu ne connaîtras ni la misère, ni la maladie, ni le malheur. Adieu, ma fille; mange le repas que je t'ai préparé; ne crains plus Esbrouffe, et si tu as jamais besoin de moi, appelle-moi. »

Lamalice remercia respectueusement et affectueusement la souris et lui demanda la permission de lui baiser la patte; la souris y ayant consenti de bonne grâce, Lamalice se baissa jusqu'à terre; la souris avança sa patte, que Lamalice baisa avec reconnaissance. Pendant qu'elle se relevait, la souris disparut.

Lamalice soupa de bon appétit, se coucha ensuite, et dormit d'un profond sommeil.

Le lendemain, de bonne heure, elle vit Esbrouffe entrer chez elle, ce qui l'effraya fort, puisqu'elle était seule en sa puissance.

« Lamalice, lui dit-il sans lever les yeux sur elle, prends ce papier; tu es bonne et je t'ai fait du mal, j'ai cherché à le réparer. Je quitte le pays pour n'y jamais revenir; j'emporte mon or, je te donne ma maison et mes biens; le papier que je te remets te donne le droit d'en disposer. Je te remercie de ce que tu as fait hier pour moi. Adieu, Lamalice; tu es une bonne fille, je ne t'oublierai jamais.

— Adieu, monsieur Esbrouffe, répondit Lamalice, moi aussi je vous remercie de ce que vous faites pour moi; j'accepte avec reconnaissance, je ne vous oublierai pas non plus. »

Elle tendit sa main à Esbrouffe, qu'il serra, qu'il baisa; puis il sortit après lui avoir remis la clef de sa maison.

Aussitôt après son départ, Lamalice courut voir sa nouvelle propriété. La maison était grande, jolie, bien meublée; mais comment y vivrait-elle seule?

A peine avait-elle fait cette réflexion, qu'elle entendit gémir dans le chemin; elle regarda par la fenêtre et vit avec surprise la pauvre famille qu'elle avait secourue deux jours auparavant. N'ayant pu payer leur loyer, on les avait chassés, et ils ne savaient ce qu'ils allaient devenir.

Lamalice alla à eux, leur parla, leur proposa de venir demeurer avec elle, ce qu'ils acceptèrent avec une joie extrême. Les chambres et les lits ne manquaient pas dans la nouvelle maison de Lamalice; les pauvres gens s'y installèrent tout de suite; un déjeuner abondant se trouva servi comme le souper de la veille. Lamalice mena une vie douce et heureuse au milieu de cette excellente famille. Jamais on ne manquait de rien; la fée souris veillait à tout et ne cessa jamais de protéger Lamalice. Le gros Minet resta enchaîné par ordre du roi des génies jusqu'à ce qu'il fût redevenu un sujet obéissant et vertueux; il est encore enchaîné et le sera toujours, car il ne se repent pas. Esbrouffe alla vivre dans un pays inconnu et éloigné; il devint moins méchant, sans devenir bien bon; le souvenir de Lamalice le touchait et l'empêchait de mal faire, mais il resta gourmand et avare.

« Ouf! je suis fatiguée, dit Camille, j'ai cru que je n'en finirais pas.

— Merci, Camille, dirent les enfants en chœur, c'est bien amusant!

#### VALENTINE.

Comme j'ai eu peur quand on a voulu brûler cette pauvre Lamalice!

#### JACQUES.

J'ai été bien content quand on a plongé dans l'eau ce méchant Esbrouffe.

#### MARGUERITE.

Comme c'est vilain aux parents d'avoir abandonné leur petite cousine!

#### SOPHIE.

Que sont devenus les parents? Tu ne nous l'as pas dit.

#### CAMILLE.

Ils sont revenus, au bout de quelques jours seulement, tant ils avaient eu peur, et ils ne se

Elle regarda par la fenêtre et vit la pauvre famille. (Page 199.)

sont plus occupés de Lamalice quand ils ont su qu'elle pouvait vivre sans eux.

**JEANNE.**

Je n'aime pas ces gens-là. Ils n'ont pas de cœur.

**HENRIETTE.**

Aussi les appelle-t-on Sanscœur dans l'histoire.

**ÉLISABETH.**

Je trouve une chose, moi, c'est que le chat ne fait rien du tout, ni pour Esbrouffe ni contre Lamalice.

**CAMILLE.**

Tu as un peu raison; c'est qu'il y a des choses que j'ai oubliées; quand ma bonne me racontait cette histoire, elle expliquait pourquoi le chat était nécessaire.

**LOUIS.**

Ce qui est amusant, c'est quand Esbrouffe reçoit des soufflets, des coups de pied, qu'il est enlevé en l'air. C'est drôle et ça fait plaisir.

**SOPHIE.**

Je déteste ce méchant Esbrouffe.

**JACQUES.**

Comme c'est bien à Lamalice d'avoir donné le souper d'Esbrouffe à ces pauvres gens, au lieu de le manger elle-même!

**HENRI.**

Et de n'avoir rien voulu demander pour elle-même avec son dé!

**PIERRE.**

Et à présent nous ferons bien d'aller nous coucher; il est tard et nous bâillons tous.

MADELEINE.

Surtout la pauvre Camille, qui est fatiguée. »

Les enfants allèrent se coucher, après avoir encore bien remercié Camille de son histoire.

## LES CHINOIS.

uelques jours après, les enfants étaient assis sur l'herbe et parlaient d'Esbrouffe et de Lamalice.

ÉLISABETH.

Nous devrions tous raconter une histoire chacun à notre tour; c'est amusant!

MADELEINE.

Amusant pour ceux qui écoutent, mais pas pour celui qui raconte.

CAMILLE.

Ce n'est pas ennuyeux, je t'assure; on est content de faire plaisir.

PIERRE.

Moi je ne demande pas mieux

— Moi aussi, moi aussi! s'écrièrent les autres.
### LÉONCE.
Alors tirons au sort qui racontera le premier. »
On met des numéros dans un sac, chacun prenant le sien par rang d'âge.
### HENRI.
Qui est-ce qui tirera?
### CAMILLE.
C'est Pierre.
### PIERRE.
Non, c'est Camille.
### VALENTINE.
Non, c'est Élisabeth, qui a proposé la chose.
### MADELEINE.
Ce sera le plus jeune, Paul, qui ne sait pas lire.
### TOUS.
C'est ça, très bien! Paul! où est Paul? »
On va chercher Paul; on l'amène.
### CAMILLE.
Viens, mon petit Paul, prends un numéro dans ce sac.
### PAUL, *retirant sa main*.
Non, veux pas.
### CAMILLE.
Oh! Paul, je t'en prie, mets ta petite main dans le sac.
### PAUL.
Non, veux pas. »
Les enfants l'entourent, le supplient. Paul, enchanté d'être supplié, persiste à refuser.
### HENRI.
Allez, monsieur, vous êtes un vilain; je vais

chercher Marie-Thérèse, elle sera plus gentille que vous.

PAUL.

Non, veux pas.

SOPHIE.

Va-t'en avec ton : « Non, veux pas »; nous n'avons pas besoin de toi, petit laid.

PAUL.

Alors pourquoi vous m'avez amené?

SOPHIE.

Parce que nous avons cru que tu serais gentil, et tu ne l'es pas. Ah! voici Marie-Thérèse; viens, viens, ma petite Marie-Thérèse, tirer un numéro du sac.

MARIE-THÉRÈSE.

Nounou, veux Nounou.

VALENTINE.

Tu vas aller avec Nounou tout à l'heure. Mets ta main dans le sac; vois comme il est gentil.

MARIE-THÉRÈSE.

Non, pas gentil.

MADELEINE.

Mets toujours ta main. Prends un petit papier.

MARIE-THÉRÈSE.

Je veux des dragées.

SOPHIE.

Je n'en ai pas, ma petite chérie; je t'en donnerai si tu tires un petit papier. Tire, chérie, tire.

MARIE-THÉRÈSE.

Non, veux des dragées.

SOPHIE.

Petite bête, va. Elle ne tirera pas.

PIERRE.

Sont-ils assommants ces petits!

SOPHIE.

Allez, mademoiselle, allez, vous êtes une laide; vous n'aurez ni dragées ni rien du tout.

MARIE-THÉRÈSE.

Je veux des dragées.

SOPHIE.

Tu n'auras rien. Elisabeth, va, je t'en prie, nous chercher le petit Armand. »

On emmène Marie-Thérèse, qui crie en s'en allant : « Je veux des dragées ». Élisabeth amène Armand.

MADELEINE.

Mon petit Armand, veux-tu mettre ta petite main dans ce gentil petit sac et tirer un tout petit papier?

ARMAND.

Oui, veux bien, Madeleine.

MADELEINE.

Oh! qu'il est gentil! Tiens, mon petit, prends. »

Armand enfonce sa grosse petite main en riant et la retire pleine de numéros.

LÉONCE.

Ce n'est pas ça! ce n'est pas ça! Un seulement.

ÉLISABETH.

Attends, je vais arranger cela. Remets les petits papiers, mon chéri; n'en prends qu'un.

ARMAND.

Non, veux tout.

##### ÉLISABETH.
Tu les prendras après. D'abord n'en prends qu'un.
##### ARMAND.
Non, veux tout! veux pas un.
##### SOPHIE.
Monsieur, rendez-moi les papiers tout de suite. »

Armand se sauve en riant; on court après lui; se voyant pris, il jette les papiers par la fenêtre qui est ouverte.

##### LÉONCE.
Méchant petit garçon! vilain! Allez-vous-en, monsieur, qu'on ne vous voie plus.
##### PIERRE.
Il n'y a pas moyen avec ces marmots; ils sont insupportables.
##### JACQUES.
Mais comment faire alors?
##### CAMILLE.
Écoutez, faisons une chose plus simple : prenons autant de numéros que nous sommes de personnes; mettons-les dans ce sac; retirons-en chacun un; celui qui tirera le numéro 1 commencera, le numéro 2 racontera après, et ainsi de suite.
##### JACQUES.
Très bien! très bien! Camille a raison. »

Ils font comme l'a dit Camille. C'est Sophie qui se trouve avoir le numéro 1.

##### VALENTINE.
Bon! c'est Sophie qui commence. Qu'est-ce que tu vas nous raconter?

SOPHIE.

De très jolies choses, très amusantes et que vous ne connaissez pas du tout.

MARGUERITE.

Comment cela s'appelle-t-il?

SOPHIE.

Cela s'appelle *les Crapauds*. C'est joli cela.

LOUIS.

C'est selon! Si l'histoire est amusante, c'est joli; sinon, c'est affreux.

SOPHIE.

Puisque je te dis que c'est très joli.

ARTHUR.

Nous allons bien voir. Commence.

SOPHIE.

Un jour, un missionnaire qui s'appelait M. Huc dînait chez nous. On mangeait des confitures; il dit : « J'ai mangé des confitures meilleures que cela en Chine, des confitures de crapauds ». Papa dit : « Quelle horreur! » Maman dit : « C'est dégoûtant ». Je dis : « C'est impossible ». L'abbé Huc dit....

PIERRE.

Elle est très ennuyeuse ton histoire.

SOPHIE.

Mais attends donc, elle ne fait que commencer.

LÉONCE.

Ce n'est pas une histoire, cela.

SOPHIE.

Mais taisez-vous donc! laissez-moi finir.

##### HENRI.

Dépêche-toi alors, pour avoir plus tôt fini.

##### SOPHIE.

Du tout, monsieur, je la ferai durer très longtemps, exprès pour vous faire enrager.

##### PIERRE.

Alors nous ferons un somme en attendant le numéro 2. Qui a le numéro 2?

##### CAMILLE.

C'est Jacques.

##### SOPHIE.

L'abbé dit : « C'est excellent et pas dégoûtant ». Moi je dis....

##### JACQUES.

Allons, la voilà qui recommence : Je dis, tu dis, il dit.

##### SOPHIE.

Non, monsieur, je ne recommence pas, je continue. Moi je dis : « Comment que ça se fait? »

##### LÉONCE.

Ha! ha! ha! *Comment que ça se fait* est joli!

##### SOPHIE.

Laisse-moi tranquille. L'abbé Huc répond : « On prend les crapauds... ».

##### LÉONCE.

Et on les mange.

##### SOPHIE.

Tais-toi, tu m'ennuies. « On les enfile par la patte, on accroche les ficelles avec les crapauds enfilés dans de grands hangars; on les laisse sécher; quand ils sont secs.... »

LÉONCE.

On les jette au fumier.

SOPHIE.

Je ne t'écoute pas seulement. « On les pile en poudre dans des mortiers, puis on mêle cette poudre avec de l'huile de sésame et avec du miel, et cela devient une confiture excellente. »

HENRI.

Et puis?

SOPHIE.

Et puis voilà tout! On la mange.

PIERRE.

Tu appelles cela une histoire?

SOPHIE.

Attends donc, je n'ai pas fini. L'abbé Huc a dit encore que les Chinois sont très méchants, qu'ils tourmentent des hommes, qu'ils les coupent en morceaux sans que cela leur fasse pitié; ils jettent leurs enfants tout petits aux cochons, ils battent leurs femmes, ils vendent leurs filles, ce qui est abominable, et beaucoup d'autres choses comme cela très amusantes.

LÉONCE.

Mais cela ne nous amuse pas du tout.

SOPHIE.

Parce que tu es un nigaud.... Demande aux autres. »

Personne ne répond. Sophie regarde : ils dorment ou font semblant de dormir tous, excepté Camille, qui craint de faire de la peine à Sophie.

« Ils jettent leurs enfants tout petits aux cochons. »

SOPHIE.

Tiens, ils dorment! C'était pourtant bien amusant, n'est-ce pas, Camille?

CAMILLE.

Non, pas très amusant, pour dire la vérité.

Ils dorment ou font semblant de dormir.

SOPHIE.

C'est singulier! je croyais que cela vous amuserait beaucoup. Je vais les éveiller; ils dorment comme des marmottes.

CAMILLE.

Je crois plutôt qu'ils font semblant.

SOPHIE.

Ah! ils font semblant! Voilà pour les réveiller.

Sophie saisit un arrosoir qui se trouvait près d'elle, y plonge la main et leur lance de l'eau à la figure; ils se lèvent tous à la hâte, s'élancent et courent après Sophie, que Camille cherche à protéger et qui s'esquive pendant le désordre causé par l'arrosement; les uns s'essuient le visage, les autres secouent leurs habits et leurs robes; tous parlent à la fois et sont furieux contre Sophie.

PIERRE.

Quelles sottes idées elle a, cette Sophie!

LÉONCE.

Elle imagine toujours des choses absurdes.

HENRI.

Et qu'elle croit charmantes et très spirituelles.

ARTHUR.

Et qui sont bêtes comme elle-même.

VALENTINE.

Il faut avouer pourtant qu'elle est bonne fille.

MARGUERITE.

C'est vrai; elle s'emporte quelquefois, mais cela ne dure pas.

ÉLISABETH.

Oui, après qu'elle a joué quelque tour de sa façon, comme celui de tout à l'heure.

MADELEINE.

Ce n'était pas bien méchant de nous lancer quelques gouttes d'eau.

LOUIS.

Tu appelles cela quelques gouttes? mon pantalon qui est trempé!

JACQUES.

Et moi, mes cheveux et mon cou! Je ne fais que m'essuyer depuis qu'elle s'est sauvée.

JEANNE.

Son histoire est très ennuyeuse tout de même

HENRIETTE.

Assommante! Je n'y ai rien compris.

CAMILLE.

Voyons, mes amis, maintenant que chacun a dit son petit mot contre elle, avouons que nous avons fait tout ce que nous pouvions pour la mettre en colère.

LÉONCE.

Comment! que lui avons-nous fait?

CAMILLE.

D'abord on l'a interrompue à chaque phrase, puis on s'est moqué d'elle, puis on a bâillé, puis on a fait semblant de dormir. Tout cela n'est pas agréable, et je trouve même qu'elle a été très patiente. »

Sophie apparaît à une lucarne du grenier.

« Êtes-vous toujours mouillés et en colère? » leur crie-t-elle en riant.

Les enfants lèvent la tête. En voyant cette bonne figure riante et sans malice, leur humeur se dissipe.

« Tu peux descendre, lui crient-ils, nous ne sommes plus fâchés.

SOPHIE.

Bon, je descends. C'est bien vrai, n'est-ce pas? Vous ne me réservez pas quelque malice?

CAMILLE.

Non, non, Sophie; je réponds d'eux; tu seras la bienvenue. »

Deux minutes après, Sophie arrive en riant.

« Est-ce que tout de bon mon histoire était ennuyeuse? demanda-t-elle à Élisabeth

ÉLISABETH.

Très ennuyeuse, je t'assure.

SOPHIE.

Voulez-vous que je vous en raconte une autre très amusante de gros singes qu'on appelle orangs-outangs?

ÉLISABETH.

Oh non! je t'en prie; nous en avons assez.

MARGUERITE.

D'ailleurs c'est au tour de Jacques.

JACQUES.

C'est que j'ai peur de vous ennuyer aussi; je ne sais pas grand'chose, moi, et je ne peux pas raconter comme Camille.

SOPHIE.

C'est égal, raconte toujours; ce sera certainement aussi bien que moi, peut-être mieux.

CAMILLE.

Voyez comme Sophie est modeste; tu n'as pas d'orgueil du tout, Sophie; c'est très bien, je t'assure.

SOPHIE.

Je serais bien bête d'en avoir.

CAMILLE.

On est toujours bête d'en avoir; et tant de personnes en ont pourtant! Allons, mon petit Jacques, commence ton histoire. »

# LE PETIT VOLEUR.

JACQUES.

Mon histoire s'appelle *le Petit Voleur*.

MARGUERITE.

C'est joli cela; ce sera amusant, je crois.

JACQUES.

Il y avait une fois un petit garçon de huit ans, qui s'appelait Marc; il était domestique dans un château.

VALENTINE.

Comment! un domestique de huit ans?

JACQUES.

Un domestique, c'est-à-dire pas un domestique vrai; mais c'était le fils d'un domestique, et il avait pour service de jouer avec les enfants de la maison, de manger les gâteaux et les fruits qui restaient de leur dîner, et autres choses de ce genre. Il y avait dans la maison un autre petit garçon, de neuf ans, nommé Michel, qui était le fils du cocher, et qui aurait bien voulu faire le même service que Marc; mais la bonne ne voulait pas, parce que Michel était menteur et grognon.

Un jour qu'il pleuvait, les enfants, ne pouvant sortir, s'amusaient à regarder de beaux livres pleins d'images; Marc était avec eux, comme toujours. Ils regardaient tous avec tant d'attention une image qui représentait une chasse au lion, qu'ils ne virent pas Michel qui était entré et qui regardait les images par-dessus leurs têtes.

Quand ils eurent bien longtemps regardé ce lion, qui tenait dans sa gueule la tête d'un malheureux Arabe, et qui était entouré d'hommes, de femmes et d'enfants égorgés, déchirés, Marc leva la tête et aperçut Michel.

MARC.

Tiens! Michel. Que veux-tu?

MICHEL.

Ton père te demande; il te fait dire de descendre tout de suite.

— J'y vais, dit Marc en se levant. Pardon, messieurs, si je vous laisse; mais papa a besoin de moi. il faut que j'y aille.

— C'est ennuyeux, dit le plus grand garçon, qui s'appelait Charles; viens nous rejoindre dans la serre. »

Marc s'en alla en promettant de revenir. Michel restait impassible. Pour le faire partir, la bonne lui donna le livre d'images en lui disant de le reporter sur la table du salon d'entrée.

Michel prit le livre et descendit.

Peu de temps après, les enfants allèrent jouer à la serre; Marc ne vint les y joindre qu'au bout de longtemps; il avait l'air préoccupé et inquiet; il parlait peu, jouait sans savoir ce qu'il faisait, pa-

Michel regardait les images par-dessus leurs têtes.

raissait impatient de s'en aller; en effet il quitta les enfants au bout d'une demi-heure, disant qu'il avait affaire.

Après le dîner, les enfants reprirent le volume d'images et cherchèrent vainement la Chasse au lion et deux ou trois autres qui les avaient frappés:

c'était un traîneau plein de chasseurs poursuivi par des loups, que tuaient les chasseurs à mesure qu'ils approchaient. Une autre était un goûter d'enfants sur l'herbe; une autre, enfin, c'était un naufrage; des malheureux sautaient de leur vaisseau en flammes dans des chaloupes qui étaient déjà pleines. Les enfants eurent beau tourner les pages, chercher partout, ils ne trouvaient pas leurs images; enfin ils appelèrent leur papa pour lui dire ce qui leur arrivait avec ce livre.

Le papa prit le livre et l'examina attentivement.

« On a coupé les images, dit-il; tenez, voyez, on a même coupé à moitié les feuilles à côté; c'est avec un couteau que cela a été coupé. Avec qui avez-vous regardé les images, mes enfants?

— Avec Marc, papa : et vous savez que Marc n'aurait jamais fait une volerie pareille. D'ailleurs il était parti quand ma bonne a fait descendre le livre.

— Par qui l'a-t-elle fait descendre? Est-ce par Marc?

— Non, papa; par Michel, qui était venu chercher Marc.

— Ah! ah!... Il faut que j'aille les voir tous deux. »

Le papa sortit; il fut quelque temps absent.

« Eh bien, papa, lui demandèrent les enfants quand il rentra, savez-vous qui a coupé les images?

— Je crois que c'est Michel, bien que toutes les apparences soient contre Marc.

— Comment cela, papa?

— Michel est un mauvais sujet; c'est déjà beaucoup contre lui. Quand il a descendu le livre, il est resté longtemps sans revenir, après avoir demandé à la cuisine un couteau pour votre bonne, qui ne l'avait pas demandé et qui n'en a pas eu. Il cachait ses deux mains sous sa blouse en s'en allant, et il est resté longtemps enfermé dans sa chambre. En effet, on les y a trouvées. Mais nous savons que Marc est un bon et honnête garçon. Il a été chez son père pour préparer une surprise qu'ils veulent vous faire demain, mes enfants, et il vous a même quittés le plus tôt qu'il a pu pour terminer son travail. Il a eu l'air surpris et indigné quand Michel l'a accusé; quand on a trouvé les images à l'endroit que Michel a indiqué, son visage a exprimé une honnête colère et il s'est écrié : « C'est toi qui les y a mises! » Toutes les apparences sont contre Michel, et pour Marc selon moi. Tout à l'heure je m'assurerai du vrai coupable.

— Comment ferez-vous, papa?

— Vous verrez. Patience pendant une heure encore. »

Les enfants attendirent avec une vive impatience. Au bout d'une heure, le papa fit appeler ses enfants dans la salle à manger; ils y trouvèrent tous les domestiques réunis. Le valet de chambre, père de Marc, apporta un panier couvert d'une serviette et le posa sur une petite table placée au milieu de la salle. Le papa s'avança et dit :

« Ce panier contient le moyen de me faire connaître le voleur d'images. Chacun va venir à son tour mettre la main dans ce panier sans dire une parole et retournera à sa place également sans parler et sans bouger ensuite, quelque merveilleuse que lui ait semblé la chose qu'il touchera dans le panier. Rien ne bougera pour tous ceux qui sont innocents; mais, quand ce sera le voleur qui enfoncera sa main, il sortira du panier un vacarme épouvantable, et la main du voleur sera prise par le couvercle de façon à ne pouvoir la retirer. Mais il faut de l'obscurité pour cette opération. Emportez les lumières dans la chambre à côté et laissez-nous la porte à peine entr'ouverte, seulement pour voir la table et pouvoir trouver le panier. »

Arnaud (le valet de chambre) emporta les lampes; on y voyait à peine assez pour ne pas se cogner les uns contre les autres.

« Commencez, mes enfants », dit le père.

Les enfants s'avancèrent, plongèrent la main dans le panier et retournèrent à leur place. Les domestiques en firent autant chacun à leur tour; on n'entendait rien. Michel vint le dernier. Quand il eut fini, on l'entendit pousser un soupir de satisfaction.

« Apportez les lumières », dit le père.

Arnaud rapporta les lampes.

« Levez tous la main que vous avez plongée dans le panier. »

Toutes les mains se levèrent; elles étaient couvertes de farine. Michel seul avait la main propre comme auparavant.

Michel sort le dernier

« Nous avons des mains de meunier! s'écrièrent les enfants. — Tenez, regardez Marc, il a de la farine partout. — Et le cuisinier aussi! Et Philippe, son habit en est plein!

— C'est Michel qui est le voleur, dit le papa en s'avançant vers lui.

— Moi, monsieur! répondit Michel tremblant. Le panier n'a pas bougé; personne n'a rien entendu; j'ai retiré ma main comme les autres.

— Parce que tu n'as pas osé, te sentant coupable, la plonger dans le panier; tu as cru à ce que j'avais annoncé. Le panier contient simplement de la farine; ceux qui n'avaient aucun sujet de crainte se sont couvert la main de farine; toi, qui te sentais coupable, tu as craint d'être découvert et tu as laissé ta main sous la serviette sans ouvrir le panier. »

M. d'Aurlin se tourna vers le père de Michel :

« Je chasse votre mauvais garnement de fils, lui dit-il. Qu'il soit parti demain matin.

— Monsieur est bien sévère pour mon pauvre garçon; quelques images ne méritent pas une punition aussi forte.

— Il les a prises avec une habileté effrayante; ensuite il a voulu faire croire à la culpabilité du pauvre Marc, et il a eu la méchanceté de les cacher dans les effets de ce pauvre garçon. Si vous trouvez cette abominable action peu de chose, c'est que vous seriez capable d'en faire autant, et je vous renvoie avec votre fils. Partez tous deux demain. Venez, mes enfants, laver vos mains enfarinées. Et toi, mon petit Marc, je suis bien aise de te faire savoir devant tout le monde que je t'avais jugé innocent dès le commencement; j'étais sûr qu'un garçon bon, honnête et pieux comme toi ne pouvait pas se rendre coupable d'un vol et d'un mensonge. »

Marc et son père sortirent enchantés; Michel et son père s'en allèrent furieux et désolés, non pas d'avoir commis une mauvaise action, mais de quitter une maison où ils étaient bien nourris, bien vêtus, bien chauffés, bien payés et bien traités.

« Voilà, dit Jacques. Mon histoire vous a-t-elle ennuyés?

CAMILLE.

Au contraire, beaucoup amusés.

ÉLISABETH.

Elle est charmante, ton histoire.

SOPHIE.

Bien plus jolie que la mienne.

VALENTINE.

Quelle bonne idée a eue monsieur..., monsieur.... Comment s'appelle-t-il?

JACQUES.

M. d'Aurlin

MARGUERITE.

Et comme Michel était bête! il aurait dû penser qu'un panier ne pouvait pas deviner!

MADELEINE.

Mais il ne savait pas ce que c'était; il pouvait croire que c'était une bête qui était dedans.

**MARGUERITE.**

Une bête ne peut pas deviner un voleur, pas plus qu'un panier.

**PIERRE.**

Les méchants craignent toujours d'être découverts; c'est pourquoi on leur fait si facilement peur.

**HENRI.**

C'est donc pour cela que les Anglais ont toujours peur des Français?

**LÉONCE.**

Qui est-ce qui t'a dit cela?

**HENRI.**

Ce sont eux-mêmes. Les petits Anglais que je voyais cet hiver aux Tuileries disaient toujours que les Français les attaqueraient, les brûleraient, leur prendraient leurs villes, et que pour cela ils étaient obligés de faire beaucoup de canons, de bâtir des vaisseaux et beaucoup d'autres choses très chères. J'étais content quand ils me disaient cela, parce que je sais bien que les Français se moquent bien de leurs canons, de leurs vaisseaux et de leurs murs.

**PIERRE.**

Quand je serai grand, je me ferai marin, pour me battre contre les Anglais.

— Moi aussi! moi aussi! dirent tous les garçons.

**SOPHIE.**

Et nous autres, que ferons-nous pour vous aider?

**JACQUES.**

Vous? vous serez nos cantinières.

VALENTINE.

C'est cela! nous vous soignerons quand vous serez blessés.

ÉLISABETH.

Et nous vous enterrerons quand vous serez morts.

ARTHUR.

Je te remercie bien, par exemple. Un beau service que tu nous rendras!

ÉLISABETH.

Plus grand que tu ne penses : car nous prierons pour vous en vous enterrant, sans quoi personne n'y penserait.

MADELEINE.

En attendant les enterrements, continuons nos histoires. Qui a le numéro 3 ?

PIERRE.

C'est moi; mais il est un peu tard. Je vous raconterai quelque chose demain.

CAMILLE.

Pierre a raison; il est bientôt temps de se coucher. »

Les enfants causèrent un peu de l'histoire de Jacques, et allèrent se reposer des fatigues de la journée par un sommeil de dix ou onze heures.

## LE COCHON IVRE MORT

E lendemain, à l'heure ordinaire, les enfants se rassemblerent, et Pierre commença.

« L'histoire que j'ai à raconter n'est pas longue, mais elle est incroyable.

SOPHIE.

Alors pourquoi nous la racontes-tu?

PIERRE.

Parce qu'elle est drôle, c'est-à-dire terrible.

MARGUERITE.

Est-ce que tu vas nous faire peur?

PIERRE.

Non, pas du tout; au contraire, vous rirez.

HENRI

Et pourquoi dis-tu qu'elle est terrible?

PIERRE.

Tu vas voir. D'abord elle s'appelle *le Cochon*

*ivre mort*. Tu vois que c'est drôle et terrible. N'est-ce pas, Camille?

CAMILLE.

Cela me paraît très joli et très amusant.

PIERRE.

Ah! vous voyez, vous autres, ce que dit Camille.

SOPHIE.

Dis donc, si tu commençais!

PIERRE.

Je commence. Je dis donc : LE COHON IVRE MORT. Remarquez bien que je ne dis pas seulement IVRE; je dis IVRE MORT.

LÉONCE.

Mais oui, mais oui; nous avons remarqué. Commence enfin.

PIERRE.

Je commence. Ne m'interrompez plus à présent, parce que, moi, d'abord, quand on m'interrompt, cela me brouille les idées et je ne sais plus ce que je dis.

SOPHIE.

Il me semble que tes idées sont déjà brouillées. Tu parles depuis un quart d'heure pour ne rien dire.

PIERRE.

D'abord il n'y a pas cinq minutes, et vous m'interrompez toujours. Je commence. Un jour,... c'est-à-dire un soir,... pas tout à fait soir, mais un peu tard pour le jour. Vous comprenez?

LÉONCE.

Oui, oui, va donc!

— Un jour donc, c'est-à-dire un soir, nous regardions le cuisinier verser de la liqueur de cassis dans des bouteilles; il y en avait beaucoup. Quand il eut tout versé, il lui restait tous les grains de cassis. Je lui dis :

« Qu'allez-vous faire de tous ces grains, Luche? Si vous nous en donniez?

— Oh non! monsieur Pierre; cela vous ferait mal : c'est d'une force terrible, à présent que c'est imbibé d'eau-de-vie; ce n'est plus bon qu'à jeter. »

Et Luche versa ce que contenait le bocal dans une terrine, qu'il mit par terre dehors.

Pendant que Luche bouchait ses bouteilles, un cochon de la ferme vint voir s'il trouverait quelque chose à manger; il voit la terrine, s'approche, met dedans son gros nez pour savoir ce que c'est, renifle, trouve que cela sent bon, en goûte un peu, le trouve excellent, et mange, mange si vite et si bien, qu'en deux minutes il mange tout. Nous appelons Luche.

« Tenez, Luche, le cochon vous a mangé tout votre cassis.

— Ah! le vilain gourmand! dit Luche. Pourvu que ça ne lui fasse pas de mal! Allons, va-t'en! » lui dit Luche en le chassant du pied.

Le cochon fait un pas de côté et chancelle; il va à droite, il va à gauche, il saute, il se roule, il a l'air de danser. Il fait de si drôles de choses que nous nous mettons à rire, que Luche rit; il appelle toute la maison pour voir un cochon ivre; les domestiques accourent : nous nous amusons beaucoup de ce pauvre cochon; enfin il devient si bruyant, grognard, méchant même, qu'on le pousse, on l'oblige à retourner à la ferme et à rentrer dans sa petite étable; il tombe sur la paille et s'endort. Nous nous en allons.

Vous croyez peut-être que c'est fini; pas du tout : ça ne fait que commencer.

JACQUES.

Tant mieux ! parce que c'est très amusant.

PIERRE.

Je suis content que cela vous amuse. Vous allez voir. Nous racontons au salon comment le cochon s'est enivré, comment il sautait, dansait et faisait beaucoup de bêtises, et puis nous nous couchons.

Ce n'est pas tout. Vous allez voir. Le lendemain nous nous levons, nous déjeunons et nous sortons. A peine sortis, nous voyons arriver la grosse fermière, car j'ai oublié de vous dire qu'elle était très grosse. La grosse fermière arrive tout effarée.

« Messieurs, dit-elle, je voudrais bien voir votre maman; elle a de si bons remèdes pour toutes sortes de choses : je veux lui en demander un pour notre cochon, sauf votre respect. »

Ils disent toujours cela quand ils parlent d'un cochon.

Nous lui demandons si son cochon est malade.

« Mais je ne sais pas ce qu'il a, monsieur; depuis hier il ne bouge pas plus qu'un mort; il est resté couché sur le côté où vous l'avez vu tomber hier.

Nous avons beau le tirer, le secouer, rien n'y fait; il n'ouvre seulement pas les yeux. »

Nous menons la grosse fermière chez maman; elle lui raconte ce qu'elle nous a déjà dit. Maman lui conseille de mettre quelques gouttes d'alcali dans une cuillerée d'eau et de la faire avaler à son cochon. La fermière remercie et s'en va. Une heure après, maman nous propose d'aller savoir des nouvelles du cochon; nous sommes enchantés et nous y allons. Le cochon n'allait pas mieux; il n'avait pas bougé. Maman lui trouva un air singulier; elle lui tâte les oreilles : froides comme un marbre; le nez : froid comme la glace; elle lui entr'ouvre l'œil : fixe comme un mort; elle lui lève la patte : raide comme une jambe de bois !

« Votre cochon est mort, dit-elle; il est mort depuis longtemps, il est froid et raide.

— Hélas! notre cochon! Pauvre bête! Faut-il vraiment.... Dis donc, François, viens voir! Madame dit que notre cochon est mort. C'est-y malheureux! Une bête qui valait plus de cent francs! »

François examine, tâte à son tour, et dit, comme maman, que le cochon est mort et bien mort.

« C'est-y croyable?... disaient-ils. Pour avoir mangé du cassis! si je l'avais pensé hier, je lui aurais fait des remèdes, le remède de madame. C'est qu'il était déjà mort quand je lui ai fait avaler ce matin. »

Nous nous en sommes allés, puisqu'il n'y avait plus rien à faire pour ce cochon. Nous ne pouvions pas comprendre comment le cassis avait pu le tuer. Le médecin a expliqué à maman que le sang crevait le cerveau et coulait partout sous la peau, et d'autres choses que je n'ai pas très bien comprises.

Voilà mon histoire. Je vois qu'elle vous a beaucoup amusés, car vous ne m'avez pas interrompu.

JACQUES.

Oui, elle est très amusante, mais je ne la trouve pas terrible.

PIERRE.

Tu ne trouves pas terrible que ce pauvre cochon meure en dormant?

JACQUES.

Ma foi! non. Il meurt en gourmand; ce n'est pas touchant ni effrayant

CAMILLE.

Mais c'est très amusant et très bien raconté.

PIERRE.

Et toi, Sophie, tu ne dis rien?

SOPHIE.

Je réfléchis pour savoir si ce que tu as raconté est possible, et... je crois que non.

PIERRE.

Comment! non? Puisque je vous dis que je l'ai vu, que c'était devant moi que le cochon a mangé le cassis, a été ivre, a dansé, sauté, joué, et qu'enfin je l'ai vu mort et sa maîtresse désolée.

SOPHIE.

Je sais bien que tu l'as dit, mais je crois que c'est pour nous amuser, comme fait grand'mère, qui commence souvent : « Quand j'étais petite », et

« Votre cochon est mort », dit-elle. (Page 235.)

puis elle nous raconte des bêtises incroyables, comme si grand'mère faisait jamais des bêtises.

**CAMILLE.**

Elle n'en fait plus depuis qu'elle est grande : mais quand elle était petite, elle faisait tout comme nous.

**SOPHIE.**

Grand'mère! Ha! ha! ha! je voudrais voir grand'-mère faisant des bêtises. Ce doit être drôle! Je vais lui demander ce soir de nous en faire seulement une.

**VALENTINE.**

Tu vas te faire gronder par ta maman.

**SOPHIE.**

Non, car elle ne le saura pas; je le dirai tout bas à grand'mère.

**HENRIETTE.**

Grand'mère le lui dira.

**SOPHIE.**

Pas de danger, va! Grand'mère est fine; elle raconte des choses de nous à ta maman, à celle de Pierre et de Henri; mais pas de danger qu'elle les dise à maman, ni à la maman de Marguerite, ni à celle de Madeleine, ni à celle de Valentine.

**LOUIS.**

Bah! tu te figures cela.

**SOPHIE.**

Puisque j'ai entendu grand'mère presque mentir pour nous excuser.

**JACQUES.**

Ce n'est pas vrai, cela ; grand'mère ne ment jamais.

SOPHIE.

Je n'ai pas dit qu'elle avait menti ; j'ai dit « presque » ; presque n'est pas tout à fait.

MADELEINE.

Comment veux-tu qu'on mente presque ? on ment ou ne ment pas.

SOPHIE.

Non, mademoiselle, on peut mentir presque. Ainsi, ce matin, quand Marguerite a demandé à tripoter dans l'eau pour se laver les mains, grand'mère ne voulait pas. « Tu vas te mouiller, tu vas faire des bêtises, et puis maman grondera. — Oh non ! grand'mère ; je vous en prie, cela m'amuse tant ! » Alors grand'mère, qui nous donne toujours ce que nous voulons, tu le sais bien, a donné de l'eau tiède, un beau petit savon rose, une gentille petite éponge, et Marguerite a commencé à bien s'amuser et s'est mouillée énormément. Ma tante arrive. « Quelles bêtises faites-vous là, mademoiselle ? Petite sotte, petite sale ! Vous êtes une méchante, mademoiselle ! Petite laide ! » La pauvre Marguerite allait pleurer, parce qu'elle avait peur que ma tante ne la fouettât ; mais grand'mère a dit bien vite : « Ne la gronde pas ; ce n'est pas sa faute ; c'est moi qui lui ai donné de quoi se laver les mains ; j'aurais dû lui relever ses manches, je n'y ai pas pensé. Tu vois bien qu'il ne faut pas la gronder, la pauvre petite. » Et ma tante n'a plus rien dit. Tu vois que grand'mère a presque menti, puisqu'elle a laissé croire à ma tante que c'était par obéissance que Marguerite se lavait les mains.

ÉLISABETH.

C'est vrai, cela, tout de même.

JACQUES.

Non, ce n'est pas mentir; grand'mère disait vrai et en même temps elle sauvait la pauvre Marguerite.

SOPHIE.

Mon Dieu, que vous êtes tous bêtes! Vous ne comprenez pas ce que je veux dire!

LÉONCE.

Eh bien, je te remercie, par exemple, des douceurs que tu dis à la société!

SOPHIE.

Ah bah! vous m'ennuyez. Et moi je dis tout de même que je ne crois pas que des bêtes puissent être ivres.

CAMILLE.

Demandons-le à papa; il le saura bien. »

Les enfants coururent tous demander à M. Éliant si l'histoire pouvait être vraie.

M. ÉLIANT.

Quelle histoire? Je ne la connais pas.

On lui raconta l'ivresse et la mort du cochon.

« Je vais vous en faire une expérience dès ce soir; ce sera plus amusant encore que l'histoire de Pierre. Nous allons prendre de l'avoine que nous ferons tremper dans de l'eau-de-vie, et nous la donnerons aux poules; vous verrez l'effet qu'elle leur produira.

CAMILLE.

Et si les poules meurent comme le pauvre cochon.

M. ÉLIANT.

Non, nous ne leur en donnerons pas assez pour leur faire mal; seulement de quoi les enivrer un peu. »

Les enfants demandèrent à leur oncle de faire l'expérience tout de suite. M. Éliant y consentit. Ils allèrent tous à l'écurie pour prendre de l'avoine; on versa dans une terrine une demi-bouteille d'eau-de-vie, puis l'avoine, que les enfants mêlèrent et remêlèrent jusqu'à ce qu'elle fût bien imbibée d'eau-de-vie.

M. ÉLIANT.

A présent, allons à la ferme. Qui est-ce qui se charge de porter la terrine?

— C'est moi! c'est moi! s'écrièrent-ils tous à la fois.

— Vous ne pouvez pas vous mettre dix à porter une terrine, dit M. Éliant. Tirons au sort, à la courte paille.

— Comment ça se fait-il, la courte paille, mon oncle?

— Je vais prendre autant de brins de paille qu'il y a d'amateurs pour porter la terrine. Chaque brin aura une longueur différente; je les prendrai tous dans ma main de manière à ne laisser passer que les bouts, et je cacherai de l'autre main le reste des pailles. Chacun tirera la sienne, et celui qui aura la plus courte portera la terrine. »

Les enfants se mirent à chercher des brins de paille; M. Éliant les coupa de longueurs différentes et, les mêlant toutes, il les présenta aux enfants.

Chacun tira ; ce fut Camille qui se trouva avoir la plus courte ; mais elle s'aperçut que Louis était tout triste de ne l'avoir pas eue ; elle fit semblant de trouver la terrine trop lourde et la donna au petit Louis, dont le visage devint radieux. M. Éliant s'aperçut seul de la bonne action de Camille et l'embrassa tendrement, en lui disant tout bas :

« C'est bien ce que tu as fait, ma petite Camille. »

Quand ils arrivèrent à la ferme, les enfants se mirent à appeler les poules, qui ne tardèrent pas à accourir. Chacun leur jeta l'avoine trempée d'eau-de-vie ; elles la mangèrent avec avidité et ne tardèrent pas à donner les mêmes symptômes d'ivresse que le cochon ; elles sautaient, caquetaient, se battaient, faisaient un tapage extraordinaire. Quand la fermière arriva, elle fut étonnée de leur agitation et voulut les faire rentrer au poulailler, car l'heure de leur coucher était arrivée. Elle eut toutes les peines du monde à les faire rentrer ; quand une partie des poules était rassemblée, l'autre se débandait et recommençait les sauts et les batailles ; les enfants s'amusaient beaucoup de cette agitation et se mirent tous à aider la fermière, qui suait, qui n'en pouvait plus. Enfin on parvint à enfermer les poules, mais les cris et

Louis portait la terrine.

les caquetages continuaient à se faire entendre. On n'avait pas dit à la fermière que ses poules étaient ivres, de peur qu'elle ne grondât; de sorte qu'elle ne comprenait rien à leur gaieté extraordinaire.

« Crois-tu maintenant à mon histoire? dit Pierre à Sophie en s'en allant.

SOPHIE.

Oh oui! j'y crois. Étaient-elles drôles, ces poules! Comme elles sautaient!

JACQUES.

Et comme elles se battaient! Il y en avait qui tombaient sur le dos.

LOUIS.

Et d'autres qui se roulaient et qui ne pouvaient parvenir à se relever.

JEANNE.

J'ai peur qu'elles ne se battent horriblement dans le poulailler.

VALENTINE.

Oh non! elles vont s'endormir bientôt, comme le cochon de Pierre.

MARGUERITE.

Et si elles allaient ne plus se réveiller?

CAMILLE.

Sois tranquille; papa a dit qu'il ne mettrait pas assez d'eau-de-vie pour leur faire du mal.

LÉONCE.

Tout de même, cela fait mal d'être ivre.

MADELEINE.

Comment le sais-tu?

Les poules sautaient, caquetaient, se battaient. (Page 243.)

LÉONCE.

Parce que je me suis enivré une fois, et je sais comme on est mal à l'aise.

ÉLISABETH.

Tu t'es enivré, toi! mais c'est dégoûtant!

LÉONCE.

Je ne l'ai pas fait exprès. Voilà comme c'est arrivé. J'avais très chaud et très soif. Je verse dans un verre du vin rouge, puis de l'eau; je bois, je trouve cela excellent et je bois un second verre; quelques minutes après, ma tête tourne, je marche de travers; ma bonne s'effraye, me demande ce que j'ai bu; je lui montre les deux bouteilles. Ce que je croyais être de l'eau était du vin blanc. Ma bonne court vite prévenir maman, qui me fait avaler un verre d'eau avec quelques gouttes d'alcali. Je me sentais mal au cœur, mal à la tête, je ne savais ce que je disais; je voulais toujours aller me promener et boire à même des bouteilles. On me couche; je chante, je saute dans mon lit; enfin je m'endors pendant que maman me mouille le front et la tête avec de l'eau froide. J'ai dormi douze heures sans bouger, et, quand je me suis réveillé, j'avais encore mal à la tête et mal au cœur. Tu vois que je sais très bien ce que c'est que d'être ivre.

HENRI.

C'est drôle, cela. Je voudrais bien avoir été ivre aussi.

LÉONCE.

Quelle bêtise tu dis! Quand on est ivre, on est comme un imbécile, un animal. Je t'assure que, depuis que je l'ai été sans le vouloir, je me suis bien dit que j'y prendrais garde à l'avenir. »

Les enfants allèrent se coucher. Le lendemain, à l'heure du déjeuner, Mme Eliant raconta que la fermière était venue chez elle tout effarée.

« Madame, m'a-t-elle dit, il faut au plus vite nous défaire de nos poules et purifier le poulailler. Elles sont toutes possédées du diable.

— Que dites-vous là, ma pauvre Mathurine? Vous savez, comme moi, que c'est impossible.

— Madame ne dirait pas cela si elle avait couché à la ferme cette nuit. Si madame savait quel sabbat m'ont fait ces poules jusqu'à minuit passé, elle dirait comme moi. Déjà hier soir, monsieur et les enfants pourront bien dire à madame le mal qu'elles m'ont donné pour les faire rentrer. Pas moyen de les tenir. Une fois enfermées, elles m'ont fait un vacarme d'enfer. Si madame veut m'en croire, elle fera étouffer toutes ces vilaines bêtes, et elle priera M. le curé de jeter de l'eau bénite dans le poulailler. »

Je l'ai laissée parler tant qu'elle a voulu.

« Ma pauvre Mathurine, lui ai-je répondu, vous ne savez donc pas que mon mari s'est amusé à enivrer vos poules avec de l'avoine trempée dans de l'eau-de-vie, et que vos poules étaient non pas endiablées, mais ivres? Quand l'ivresse a été passée, elles sont redevenues tranquilles. Je suis fâchée que mon mari ne vous l'ait pas dit. Il a craint que vous ne le grondiez; c'est ce qui l'a empêché de vous donner l'explication de leur gaieté bruyante.

— Ah! monsieur s'amuse à ces tours-là! m'a-t-elle répondu d'un air indigné. Je n'aurais jamais cru qu'un homme raisonnable comme monsieur pût s'amuser à ces choses-là. Il m'a fait passer une nuit terrible, il peut s'en vanter. Madame pense que ce n'est pas agréable de savoir le diable à sa porte, comme je l'ai cru toute la nuit. Et mon bonhomme aussi n'a pas dormi seulement une miette. Il était plus tremblant que moi. J'en fais bien mon compliment à monsieur! Un joli jeu qu'il a trouvé! Une jolie leçon qu'il a donnée aux enfants! Enivrer mes poules, vraiment! Perdre de l'eau-de-vie à une pareille malice!

— Calmez-vous, ma bonne Mathurine, lui ai-je répondu; il ne recommencera pas, je vous le promets. »

Et elle s'est retirée grondant encore et fort indignée.

On s'amusa beaucoup de la colère de la pauvre Mathurine, et on résolut d'aller en corps lui faire des excuses de la mauvaise nuit qu'on lui avait fait passer. Elle reçut d'abord assez mal la députation; mais elle s'adoucit par degrés, et finit par rire avec M. Éliant et les enfants.

## VISITE AUX SINGES

Le lendemain, quand l'heure des histoires fut arrivée, personne ne se présentait pour en raconter; les enfants étaient tous assis en rond, attendant avec impatience que le numéro 4 voulût bien commencer, mais personne ne disait mot.

« Allons donc! voyons donc! le numéro 4 pour raconter une histoire, s'écria Sophie avec impatience. Nous perdons notre temps. Qui est le numéro 4?

— C'est Élisabeth, s'écrièrent deux ou trois voix.

SOPHIE.

Pourquoi ne dis-tu rien alors, puisque c'est ton tour?

ÉLISABETH.

C'est que je ne sais aucune histoire amusante. Je ne suis pas en train.

SOPHIE.

Ah bah! tu t'y mettras! Je n'étais pas en train non plus, moi, et pourtant j'ai raconté de mon mieux.

ÉLISABETH.

Aussi tu nous as tous un peu ennuyés.

SOPHIE.

C'est que mon tour venait tout de suite après Camille, qui a raconté une histoire si amusante. Commence, tu vas voir que ce sera bien. Dis trois ou quatre *Je commence,* comme Pierre; ce sera déjà quelque chose.

PIERRE.

Je n'ai pas du tout dit *je commence* trois ou quatre fois, mademoiselle, mais une seule fois; tu exagères toujours.

SOPHIE.

Ah! par exemple! je suis sûre de trois fois au moins. Demande à Camille.

CAMILLE.

Au lieu de nous quereller, mes amis, écoutons l'histoire que prépare Elisabeth.

SOPHIE.

Écoutons, silence! »

Élisabeth se recueille, relève la tête et commence.

« Je vais vous raconter une visite au Jardin des Plantes. Vous savez tous que le Jardin des Plantes réunit dans son sein....

SOPHIE.

Ah! ah! ah! dans son sein! Comme si un jardin avait un sein!

ÉLISABETH, *riant.*

Dans ses entrailles, si tu aimes mieux.

SOPHIE.

Encore mieux! Elle sera jolie, ton histoire, à en juger par la première phrase.

LÉONCE.

Mon Dieu, Sophie, que tu es ennuyeuse! Tu critiques tout, tu interromps sans cesse. C'est impossible de raconter avec toi! on ne sait plus ce qu'on dit.

VALENTINE.

Ne l'écoute pas, ma pauvre Élisabeth. Raconte ta visite au Jardin des Plantes; je suis sûre que ce sera amusant.

ÉLISABETH.

Je crois que oui. Il y a deux choses à raconter : une terrible et une drôle. Je commence par la terrible. Il y avait beaucoup de monde ce jour-là au Jardin des Plantes....

SOPHIE.

Ce jour-là, tu dis : quel jour?

ÉLISABETH.

Le jour dont je parle. Je ne te répondrai plus. La foule se pressait autour des fosses où étaient les ours; on leur jetait du pain, des gâteaux; ils grimpaient à des espèces d'arbres qui sont au milieu de leurs fosses; je n'étais pas satisfaite quand je les voyais en haut, il me semblait qu'ils allaient s'élancer sur la foule. Pendant que nous regardions les ours manger, grimper et jouer, nous entendons les cris d'une dame qui appelle :

« Mon enfant! mon enfant! J'ai perdu mon enfant! »

Tout le monde se précipite de ce côté; la femme criait :

« Paul! Paul! mon petit Paul, où es-tu? »

Tout à coup on entend dans la foule une petite voix étouffée qui répond :

« Maman! au secours! on m'entraîne.... »

Les personnes qui se trouvent du côté où cette petite voix se faisait entendre voient un homme à barbe noire qui avait l'air d'un diable et qui cherchait à s'échapper, entraînant avec lui un petit garçon de trois ou quatre ans. On crie de tous côtés :

« Arrêtez le voleur! Otez-lui l'enfant! »

Les gardiens accourent; l'homme voit qu'il va être pris, il lâche l'enfant et se rejette au milieu de la foule, espérant pouvoir s'y cacher, mais les gardiens le poursuivent; il court d'un côté, de l'autre, partout il les voit qui lui barrent le passage : il s'élance sur le petit mur des ours et veut passer d'un côté à l'autre en longeant le mur; son pied glisse, il trébuche; il manque de tomber dans la fosse, se raccroche à moitié chemin au mur, appelle au secours; un gardien accourt, lui tend son mouchoir; au moment où l'homme va le saisir, l'ours avance vers lui, se dresse sur ses pattes de derrière et grogne violemment; l'homme a une telle peur qu'il lâche le mur et le mouchoir et qu'il tombe dans la fosse; l'ours est si étonné qu'il reste immobile; l'homme se relève et demande qu'on lui jette un couteau ou une arme quelconque pour se défendre. On ne trouve qu'un bâton, personne n'avait de couteau : on le lui jette; il court pour le ramasser; l'ours, qui avait été plus leste que lui, arrive le premier, attrape le bâton et le brise de ses deux pattes de devant comme je briserais une allumette. On jette un autre bâton, l'homme parvient à le saisir; l'ours vient à lui; l'homme brandit son bâton, donne des coups épouvantables sur la tête et les pattes de l'ours, qui entre en fureur et s'élance sur l'homme avec tant de violence, qu'il le renverse. Au même moment, plusieurs soldats, qu'on avait été prévenir, accouraient avec leurs fusils chargés. Ils veulent tirer sur l'ours. Impossible! l'ours et l'homme se débattaient, se roulaient; en voulant tuer l'ours, les soldats auraient tué l'homme. Enfin, l'ours lâche l'homme, qui va rouler assez loin; les soldats profitent de ce moment pour tirer tous ensemble sur l'ours, qui paraît très blessé, car il se roule en rugissant; le sang coule de plusieurs blessures; en se tordant et en se roulant,

Il entraînait un petit garçon.

il arrive sur l'homme, qu'il déchire avec ses griffes, et qui criait encore, mais faiblement ; les soldats avaient rechargé leurs fusils ; ils tirent encore, dans un moment où l'ours avait roulé loin de l'homme, et cette fois, après un ou deux gémissements horribles, l'ours reste immobile. On apporte des échelles, on descend dans la fosse et on emporte le malheureux homme, qui était tout déchiré, tout sanglant ; il n'était pas mort pourtant, mais on croyait qu'il ne pourrait pas guérir, tant il avait été mordu et déchiré. Pendant que l'ours dévorait l'homme, la dame avait retrouvé son petit Paul, que ce méchant homme voulait voler. On a su depuis que cet homme volait des enfants pour les vendre à des gens qu'on appelle des saltimbanques, et qui font faire des tours de force aux pauvres petits enfants. Le bon Dieu l'a bien puni cette fois-ci. Ce qui a rendu tout cela moins affreux, c'est la méchante action de cet homme barbu et noir ; tout le monde avait l'air content que le bon Dieu l'eût si terriblement puni. Moi aussi, j'ai été assez contente, tout en désirant de le voir délivrer par les soldats. Quand la pauvre mère a retrouvé son enfant, elle a tant pleuré, qu'on est allé lui chercher de l'eau fraîche pour l'empêcher d'avoir des convulsions ; le pauvre petit pleurait aussi en embrassant sa maman. Quand on a emporté l'homme, on a passé devant eux ; le petit garçon a poussé un cri en se cachant dans la robe de sa maman. Elle a dit : « Malheureux homme ! que Dieu te pardonne, comme je te pardonne de tout

Il lâcha le mur et le mouchoir. (Page 254.)

mon cœur! » et elle a demandé s'il était pauvre, s'il avait besoin de quelque chose ; et comme on lui a répondu qu'il allait probablement mourir, elle a demandé en grâce qu'on allât lui chercher un prêtre pour le consoler et le faire mourir en demandant pardon au bon Dieu. On le lui a promis, elle a donné de l'argent pour payer une voiture pour emmener l'homme à l'hôpital ou chez lui, et elle a laissé son adresse pour qu'on lui fît savoir où il demeurait.

« Je lui enverrai, a-t-elle dit, une bonne sœur pour le soigner et un saint prêtre pour l'assister. »

Puis elle est partie en voiture avec son petit Paul.

Voilà mon histoire terrible. A présent, je vais vous raconter l'autre.

###### MADELEINE.

Elle est, en effet, bien terrible, cette histoire, et très intéressante.

###### MARGUERITE.

Ce qui prouve combien elle était intéressante, c'est que Sophie n'a pas interrompu.

###### SOPHIE.

Tiens! c'est vrai, je n'y ai pas pensé. Au reste, soyez tranquilles, je n'interromprai plus, car je vois que c'est par malice que je le fais, pour impatienter celui qui raconte, et me venger ainsi de vos interruptions pendant que je racontais. Mais, je le répète, c'est fini, je n'interromprai plus.

### JACQUES.

C'est très bien, ce que dit Sophie; n'est-ce pas, mes amis? J'aime beaucoup la simplicité avec laquelle Sophie s'accuse quand elle a mal fait.

### CAMILLE.

Parce qu'elle est réellement bonne et sans orgueil; elle s'aperçoit qu'elle a mal fait, elle l'avoue tout de suite.

### SOPHIE.

Prends garde, Camille, de m'en donner de l'orgueil, avec tes éloges. Écoutons plutôt l'histoire d'Élisabeth.

### ÉLISABETH.

Après le départ de la dame et du voleur, personne ne voulut retourner aux bêtes féroces, et nous sommes allés voir les singes. Il faisait beau et chaud; tous les singes étaient dehors sous leur grillage. Ils s'amusaient à plusieurs jeux; les grands se battaient presque continuellement. J'aperçus dans un coin une guenon avec son petit singe; elle le mettait par terre, et le petit criait toujours pour qu'elle le reprît dans ses bras : enfin, la mère, ennuyée, donne à son petit un grand soufflet; le petit se frotte la joue tout en regardant la guenon d'un air furieux. Elle se lève et fait quelques pas; le petit court après et lui marche sur la queue; elle se retourne : le petit avait sauté lestement de côté. La guenon continue à marcher gravement; le petit recommence à lui marcher sur la queue sans que sa mère le voie.

Au bout de trois ou quatre fois pourtant, elle se retourne si promptement qu'il n'a pas le temps de se sauver, et qu'elle voit sa malice. Alors elle veut l'attraper; le petit se sauve, la mère le poursuit et l'attrape bien vite; elle le prend dans ses bras, et malgré ses cris elle lui donne une dizaine de tapes bien appliquées, puis elle le jette par terre; le petit se retire de très mauvaise hu-

Elle avait ramassé une carotte et la mangeait.

meur dans un coin, d'où il observe sa mère; elle avait ramassé une carotte et la mangeait tranquillement. Le petit saisit une poignée de sable et la jette à l'oreille de sa mère pendant qu'elle regarde du côté opposé; elle se retourne vers le petit, mais il avait si promptement repris son air insouciant et tranquille, qu'elle ne le croit pas coupable d'une telle insolence; elle recommence à grignoter sa carotte; le petit ramasse une seconde poignée de sable et la lance comme la première en choisissant un bon moment. La mère commence à se douter que c'est de son petit que lui vient le sable; elle est plus attentive que jamais et se retourne au moment où le petit lançait sa poignée. Elle jette sa carotte, s'élance sur le petit, qui n'a pas le temps de s'esquiver, lui donne deux énormes soufflets et s'apprête à le battre; les cris du petit attirent les autres singes, qui se rassemblent autour de la guenon et du petit, et prennent parti, les uns pour elle, les autres pour lui. Ils se mettent tous à gronder, à siffler, à claquer des dents; ils se lancent quelques tapes, puis se jettent les uns sur les autres, et dans peu d'instants la bataille devient générale; ils se mordent, ils se griffent, ils se roulent et se piétinent; enfin, ce sont de tels cris, de tels hurlements, que les gardiens arrivent, séparent les combattants à grands coups de fouet et les font rentrer chacun dans sa cellule; le petit a été rendu à sa mère et aura reçu une bonne correction pour son impertinence. Cette scène nous a beaucoup amusés, surtout quand tous les singes sont accourus et ont commencé à se disputer; la triste impression de l'homme et de l'ours a été tout à fait effacée par la visite aux singes, et nous sommes partis riants et très gais.

« Voilà ma seconde histoire. J'ai fini.

— Très bien! très bien! s'écrièrent les enfants; tes histoires sont très jolies.

PIERRE.

Qui est-ce qui doit en raconter une après?

MARGUERITE.

C'est Henri.

HENRI.

Moi, d'abord, je ne raconterai rien, parce que je ne sais rien.

JACQUES.

Tu trouveras quelque chose, tout comme nous.

HENRI.

Que veux-tu que je trouve?

JACQUES.

Je ne sais pas, moi; un chien, par exemple.

HENRI.

Quel chien?

JACQUES.

Je n'en sais rien; c'est à toi à chercher. »

Henri cherche; tout le monde attend; personne ne dit mot pour ne pas le déranger; enfin, Pierre lui dit :

« Eh bien! trouves-tu? »

Henri ne répond pas; il tient la tête baissée et ne regarde personne.

PIERRE.

Mais réponds donc, Henri! C'est ennuyeux! nous attendons depuis dix minutes. »

Rien encore, pas de réponse; les enfants s'approchent de lui, le regardent et s'aperçoivent qu'il pleure.

SOPHIE.

Eh bien! Qu'est-ce que tu as? Pourquoi pleures-tu?

HENRI, *pleurant*.

Je ne sais pas d'histoire.... Je ne sais que dire.

##### CAMILLE.

Mais, mon petit Henri, il ne faut pas pleurer pour cela. Tu n'es pas obligé de raconter une histoire, c'est pour nous amuser que nous avons imaginé cela; si cela ne t'amuse pas, tu n'y es pas obligé.

##### HENRI.

Ils vont tous dire que je suis un imbécile.

##### VALENTINE.

Imbécile, non; mais nigaud, oui.

##### HENRI.

Raconte donc toi-même, si tu crois que c'est si facile. Je te cède mon tour; prends-le.

##### VALENTINE.

Très volontiers et tout de suite, si mes cousins et cousines le veulent bien.

##### TOUS LES ENFANTS.

Certainement : raconte à la place de Henri, puisque tu as des idées.

##### VALENTINE.

C'est un conte de fées que je vais vous raconter.

##### HENRIETTE.

Tant mieux! J'aime beaucoup les contes de fées.

##### MARGUERITE.

Et moi aussi; fais-en un aussi joli que celui de Camille.

##### VALENTINE.

Je ne crois pas qu'il soit aussi joli, mais je ferai de mon mieux.

SOPHIE.

Comment s'appelle-t-il?

VALENTINE.

Il s'appelle :

## LA FÉE PRODIGUE ET LA FÉE BONSENS.

Il y avait une fois un roi, qui s'appelait le roi Pétaud, et une reine, qui avaient un tout petit royaume.

Ce roi et cette reine n'avaient pas encore d'enfants, mais ils avaient une amie très puissante qui s'appelait la fée Prodigue.

**HENRIETTE.**
Comment étaient-ils amis?
**VALENTINE.**
Ils étaient amis parce que la mère de la fée Prodigue était la fée Drôlette, et que la reine était la fille d'une princesse Blondine et d'un prince Merveilleux que la fée Drôlette aimait beaucoup.

La fée Prodigue avait une sœur qui s'appelait la fée Bonsens; la fée Bonsens aimait aussi beaucoup la reine, mais la reine l'aimait moins parce qu'elle ne lui accordait pas tout ce qu'elle lui demandait, et qu'elle lui faisait quelquefois de la morale sur les mauvaises actions qu'elle commettait.

Un jour la reine était seule et pleurait. La fée Bonsens venait précisément lui faire une visite.

« Pourquoi pleurez-vous, chère reine? lui demanda-t-elle.

LA REINE.

Parce que tous mes sujets ont des enfants; moi seule je n'en ai pas. Moi qui aime tant les enfants! Je serais si contente d'en avoir!

LA FÉE.

Si vous aviez des enfants, chère reine, ce serait peut-être pour votre malheur; laissez les fées et la reine des fées arranger les choses à leur idée; elles savent ce qu'il vous faut.

LA REINE.

Il me faut un enfant; je veux un enfant; et je serai malheureuse tant que je n'aurai pas d'enfant.

LA FÉE.

Vous n'êtes pas raisonnable, chère reine. Je vous laisse vous désoler toute seule, ajouta-t-elle, voyant que les pleurs de la reine redoublaient, car, pour votre bonheur, je ne veux pas vous accorder ce que vous désirez. »

La fée disparut en achevant ces mots, et la reine recommença ses gémissements.

« Fée Prodigue, fée Prodigue, s'écria-t-elle, vous ne me refuseriez pas comme l'a fait votre sœur, si je vous le demandais! »

La fée Prodigue apparut immédiatement.

« Qu'est-ce, ma bonne petite reine? Vous m'avez appelée? Et pourquoi ces larmes sur ces jolies joues?

LA REINE.

Bonne et chère fée; je veux un enfant et je n'en ai pas.

LA FÉE.

Et c'est pour cela que vous pleurez, ma reinette? Vous êtes pourtant heureuse! Qui sait ce que deviendra votre bonheur avec des enfants?

LA REINE, *pleurant plus fort*.

C'est égal, j'en veux un. Oh! bonne fée, donnez-moi un enfant.

LA FÉE.

Je vous en donnerai deux, ma bonne petite reine. Ce n'est pas pour rien que je m'appelle Prodigue. Vous aurez deux filles dans peu de temps.

— Merci, bonne et aimable fée; votre sœur, à qui j'avais fait la même demande, vient de me refuser; j'étais bien sûre que vous ne feriez pas comme elle.

— Ma sœur est un peu trop sage, dit la fée en souriant, et les gens sages sont souvent ennuyeux. Adieu et au revoir, ma bonne reine; je reviendrai vous voir dès que vos filles seront nées. »

La fée disparut, laissant la reine transportée de joie; elle courut raconter au roi la promesse de la fée; il en fut enchanté, quoiqu'il conservât un peu d'inquiétude du refus de la fée Bonsens. Quelque temps après, la reine eut deux filles, comme le lui avait dit la fée. Aussitôt qu'elles furent nées, la fée Prodigue parut, et, prenant dans ses bras une des petites princesses, elle l'embrassa et lui dit :

« Je te donne le nom d'Insatiable et je t'accorde le don de réussir dans tout ce que tu entreprendras, d'obtenir tout ce que tu désireras....

— Excepté si son désir est injuste ou cruel, ma sœur, dit la fée Bonsens, qui parut tout à coup, et seulement jusqu'à quinze ans. Je corrige ainsi le mal que vous lui faites et qu'elle pourrait faire à d'autres. Quant à toi, enfant, ajouta la fée Bonsens en s'adressant à l'autre petite fille, je te donne le nom de Modeste et je te doue d'une grande sagesse et de ne jamais désirer que ce qui est juste et raisonnable. Je veillerai sur elle, ajouta la fée, et voici mon présent de marraine pour ma filleule. »

Elle présenta à la reine un miroir encadré d'or, de diamants et de rubis.

« Toute personne qui regardera dans cette glace, dit-elle, y verra comment elle doit agir, le mal qu'elle a fait et le bien qu'elle peut faire. »

La reine saisit le miroir, s'y regarda un instant, rougit, le rendit à la fée d'un air de dépit, et lui demanda de le serrer jusqu'à ce que Modeste fût assez grande pour s'en servir.

La fée sourit en reprenant le miroir, et le déposa dans une cassette dont elle confia la clef à la reine.

La fée Prodigue était contrariée de l'arrivée de sa sœur et mécontente de l'empêchement qu'elle avait mis, dans l'avenir, aux désirs de sa filleule Insatiable. Celle-ci ne tarda pas à faire voir qu'elle mériterait le nom que lui avait donné sa marraine, car elle ne se trouvait jamais satisfaite et criait sans cesse. Modeste, au contraire, était douce et tranquille et ne criait jamais.

Le roi et la reine auraient dû préférer Modeste à Insatiable; mais la reine sentit une grande affection pour Insatiable et une grande indifférence pour Modeste. A mesure que les deux petites filles grandissaient, Insatiable montrait de plus en plus son mauvais caractère; elle voulait être seule caressée, soignée. Modeste avait beau lui céder tout ce qu'elle possédait, jamais elle ne parvenait à la contenter.

Un jour, Modeste mangeait un gâteau que lui avait donné une des dames de la reine; Insatiable, qui en avait déjà mangé deux, voulut avoir celui de sa sœur; Modeste avait faim et ne voulut pas lui donner le sien. Insatiable se jeta sur elle pour le lui arracher, mais elle ne put pas le saisir; elle avait beau allonger le bras, ouvrir la main, elle ne pouvait atteindre le gâteau. Elle se mit à pousser des cris de rage; la reine voulut la contenter et prendre le gâteau, mais elle aussi ne put pas l'avoir. Elle se souvint alors de ce que la fée Bonsens avait ajouté au don de Prodigue et en fut très mécontente. Son humeur se porta sur la pauvre Modeste.

« Emportez cette petite, dit-elle; elle est insupportable; elle ne fait que contrarier et faire crier sa sœur. »

Un autre jour, Insatiable vit un nid d'oiseaux-mouches dans les mains de Modeste.

« Je voudrais un nid comme Modeste », cria-t-elle.

Aussitôt un page entra et présenta à Insatiable un nid tout semblable qu'on venait d'apporter pour elle.

« Je veux un second nid. »

Un autre nid fut apporté de la même manière.

« Je veux le nid de Modeste », s'écria-t-elle.

Mais pour le nid, comme pour le gâteau, elle ne put le saisir.

Plusieurs fois de pareilles scènes se renouvelèrent. Insatiable, habituée à voir tous ses désirs satisfaits, entrait dans des colères effroyables devant la moindre résistance, et comme c'était toujours avec sa sœur qu'elle éprouvait ces contrariétés, elle la prit en haine et dit à la reine de chasser Modeste, qui la tourmentait sans cesse.

La reine ordonna que Modeste fût emmenée dans un château éloigné. La nourrice qui avait élevé Modeste fut chargée de l'accompagner dans sa nouvelle demeure avec une suite nombreuse.

Modeste voyait que sa mère ne l'aimait pas; elle souffrait du caractère méchant de sa sœur, et elle partit sans regret. Le château qu'elle devait habiter était charmant; il y avait à côté une ferme où Modeste passait une partie de sa journée avec les vaches, les moutons, les poulets, dindons et oisillons de toute espèce. Elle y vivait heureuse avec sa bonne, qu'elle aimait, et sa sœur de lait, qu'elle aimait plus encore; elle recevait souvent

Elle passait une partie de la journée avec les moutons et les poules.

la visite de sa marraine, la fée Bonsens, qui lui témoignait beaucoup d'amitié.

Insatiable, de son côté, ne cessait de vouloir une chose, une autre; tout l'ennuyait parce que tout lui venait trop facilement; elle avait en telle abondance joujoux, livres, robes, bijoux, que rien ne lui faisait ni plaisir ni envie. Il en était de même pour son travail; elle apprenait avec une telle facilité qu'elle ne s'intéressait à rien.

Sans cesse elle obligeait son père de changer ses ministres, de changer les lois, de changer d'alliés et d'amis : elle portait partout le trouble; on faisait tout ce qu'elle voulait, et cependant on ne pouvait jamais la contenter. Tout le royaume était dans la confusion à cause d'elle.

Cependant elle approchait de ses quinze ans; elle dit alors à son père qu'elle voulait se mettre à la tête des troupes. Elle eut d'abord quelques succès; mais le temps passait, les quinze ans d'Insatiable arrivèrent, elle perdit plusieurs batailles; ses soldats se révoltèrent et refusèrent de la suivre, et elle fut obligée de s'enfuir honteusement.

Quand Insatiable revint à la cour de son père, tout y était en désordre; chacun la maudissait, la détestait; on l'appelait à la cour une Pétaudière, par dérision, par moquerie. Le roi, voyant que c'était elle qui avait causé ses malheurs, la chassa de sa présence; la reine l'engagea à aller rejoindre sa sœur et lui conseilla de se regarder dans le miroir de Modeste. Insatiable, affligée, humiliée, alla retrouver sa sœur et lui demanda où était ce miroir dont lui avait parlé la reine.

« Le voici, dit Modeste en le lui présentant; c'est lui qui a été mon maître, qui m'a empêchée de mal faire et qui m'a montré à bien faire. »

Insatiable le prit, y jeta un coup d'œil et poussa un cri d'effroi, mais elle ne put en détacher ses regards; elle voyait tout le mal dont elle s'était rendue coupable depuis sa naissance; elle ne pouvait en croire ses yeux. Quand elle eut tout vu, elle tomba dans les bras de sa sœur et pleura amèrement. Modeste chercha vainement à la consoler; le souvenir des maux qu'elle avait causés la poursuivait jour et nuit; elle ne dormait pas, ne mangeait plus. Enfin elle tomba dans un état si alarmant, que Modeste envoya un exprès au roi et à la reine; ils arrivèrent tous deux, et, voyant leur fille si mal, ils appelèrent Prodigue à leur secours. La fée arriva triste et morne.

« Je n'y puis rien, dit-elle; c'est sa conscience qui la fait mourir; elle sent que le monde la hait, la méprise, et qu'elle ne peut vivre; mais elle se repent, on lui pardonnera. »

Insatiable, se sentant mourir, demanda pardon au roi, à la reine, à sa sœur, à toute la cour, et expira dans les bras de Modeste. On la regretta peu, tout en pleurant sa triste mort. La reine et le roi se regardèrent aussi dans le miroir de la fée Bonsens. Effrayés des fautes de leur vie, ils résolurent de s'amender et de reprendre chez eux la princesse Modeste, exilée depuis tant d'années.

Elle se mit à la tête des troupes. (Page 275.)

Elle fut heureuse de ce retour de tendresse de son père et de sa mère, mais elle regretta beaucoup et toujours sa ferme et son château, où elle avait vécu si longtemps calme et sans chagrins. Du reste, elle vécut très heureuse, se maria avec un prince excellent, et succéda à son père après sa mort. Sa

Insatiable y jeta un coup d'œil. (Page 276.)

sœur de lait ne la quitta jamais et éleva tous ses enfants.

« Voilà mon histoire, mes enfants, elle est longue et je suis fatiguée.

— Merci, merci, Valentine, s'écrièrent tous les enfants; c'est charmant, c'est très amusant. »

Ce jour-là, les enfants causèrent longuement de l'histoire qu'ils venaient d'entendre.

MADELEINE.

Ce n'est pas toi qui l'as composée, n'est-ce pas, Valentine?

VALENTINE.

Si, c'est moi.

SOPHIE.

Quand donc l'as-tu faite?

VALENTINE.

En la racontant. J'inventais à mesure que je parlais.

LÉONCE.

Mais c'est superbe! c'est étonnant! Jamais je n'aurais pu faire comme toi.

VALENTINE.

Si tu essayes, tu verras que ce n'est pas difficile. C'est tout justement ton tour demain.

## LES LOUPS ET LES OURS.

E lendemain, quand les enfants se rangèrent autour de Léonce, il commença gravement :

« Mes amis, je sais que vous voulez savoir le nom de mon histoire : elle s'appelle de deux noms terribles....

—Ah! mon Dieu! s'écria Jeanne.

— Ne t'effraye pas, Jeanne, reprit Léonce, les loups et les ours dont je vais parler sont heureusement bien loin de nous; ils vivent dans la Lithuanie, pays qui appartient à la Russie, et mon histoire s'appelle : LES LOUPS ET LES OURS. Écoutez bien et ne m'interrompez pas.

MARGUERITE, *riant*.

Quel drôle d'air tu as!

LÉONCE.

J'ai l'air que j'ai toujours.

MARGUERITE.

Non, non, tu as un air grave comme si tu allais nous juger et nous condamner.

LÉONCE, *gaiement.*

En effet, je vous condamne à entendre mon histoire, après vous avoir jugés dignes de l'écouter.

ÉLISABETH.

Ah, ah, ah! très joli! Nous écoutons.

LÉONCE.

Il y avait une famille qui vivait en Russie dans une belle et agréable province du Midi; cette famille n'était pas nombreuse; il y avait le père, la mère, trois fils, deux filles et une sœur imbécile.

SOPHIE.

Tu appelles cela pas nombreux? Combien t'en faut-il donc?

LÉONCE.

Sophie, Sophie, j'ai dit de ne pas m'interrompre.... J'appelle cette famille peu nombreuse pour la Russie; car, dans ce pays, il arrive souvent qu'une famille est composée de douze ou de quatorze enfants.

HENRIETTE.

Ah! quelle bêtise!

LÉONCE.

Pas bêtise du tout, puisque j'ai une tante russe qui a eu dix-sept enfants. Voyons! silence à présent! Cette famille devait aller en Lithuanie pour passer quelques mois près d'un vieux grand-père très malade.

JEANNE.

Qu'est-ce qu'il avait?

LÉONCE.

Une hydropisie, c'est-à-dire une enflure énorme du ventre, qui se remplit d'eau et qui vous étouffe. Ils allaient donc en Lithuanie; la neige couvrait déjà la terre; on avait mis la grande voiture, qui contenait toute la famille, sur des patins.

HENRI.

Qu'est-ce que c'est, des patins?

LÉONCE.

Des patins sont des traîneaux sur lesquels on attache les voitures quand il gèle et quand il y a de la neige. Ne m'interrompez plus, vous me dérangez; je ne sais plus où j'en suis....

« On avait mis la grande voiture sur des patins; on y avait attelé huit bons chevaux, et on n'allait pas très vite, parce que la course était longue et qu'on ménageait les chevaux pour la traversée de la forêt. Une fois arrivé à la forêt, le cocher devait fouetter les chevaux et marcher vite, pour ne pas donner aux bandes de loups le temps de se rassembler et de les poursuivre : car il faut vous dire que les forêts de ces pays sont pleines de loups. Quand on en rencontre un, deux, trois même, on s'en moque, parce que les loups sont poltrons et qu'ils n'osent attaquer les voitures que lorsqu'ils sont en bandes.

« On arrive à la forêt; le cocher arrête ses chevaux quelques minutes, leur donne de l'avoine, leur remet leurs brides et entre dans la forêt. Les chevaux trottaient, galopaient, allaient bon train; le cocher se réjouissait de n'avoir plus qu'une demi-lieue à faire pour sortir de la forêt, lorsqu'on entend un houhouou! très éloigné.

« Les loups! crie le cocher; les loups!

— Fouettez les chevaux, Nikita, s'écria le maître, nommé M. Bogoslafe, fouettez ferme; tâchons de sortir de la forêt avant que les loups nous aient rejoints. »

Le cocher fouette; les chevaux, tremblants eux-mêmes, vont comme le vent. Les hurlements se rapprochaient pourtant; la peur donnait des ailes aux chevaux. Nikita se retournait de temps en temps; il ne voyait pas les loups; mais une fois, après s'être retourné, il crie :

« Les voici! je vois une masse noire dans le lointain; il y en a plus de cinq cents.

— Nous sommes perdus! dit M. Bogoslafe.

— Non, mon cher maître; nous pouvons encore être sauvés, si Dieu nous protège. Je connais une grange à cent pas d'ici. Si la grande porte est ouverte, nous sommes sauvés. »

Et, fouettant les chevaux avec une nouvelle vigueur, il les dirige vers la grange, dont la grande porte restait heureusement ouverte pour laisser aux voyageurs la facilité d'entrer et se mettre à l'abri des loups, qui ne tardaient ordinairement pas à se disperser. Les hurlements des loups devenaient de plus en plus distincts; la masse noire avançait toujours; Nikita touche à la grange, y entre ventre à terre; les chevaux s'abattent en

Les chevaux effarés, vont comme le vent,

touchant le mur de leur front. Nikita les laisse se débattre, saute à bas de son siège et se précipite pour fermer les deux battants; il en ferme un, les loups approchent; il pousse l'autre et met les verrous juste à temps pour empêcher les loups de se

Il ferme à temps pour empêcher les loups d'entrer.

précipiter dans la grange. M. Bogoslafe avait ouvert la portière et était descendu de la voiture pour aider Nikita à barricader solidement la porte, de manière que les loups ne pussent en forcer l'entrée. La grange était grande, peu éclairée, car on avait fait les ouvertures petites et très hautes pour que les loups ne pussent pas y pénétrer. Quand toute la famille fut un peu remise de sa frayeur, tous se jetèrent à genoux pour remercier Dieu de les avoir sauvés; ensuite le maître embrassa Nikita et lui dit avec émotion :

« Mon ami, c'est toi après Dieu qui nous as sauvés. Et si Dieu permet que nous sortions vivants d'ici, je te donnerai ta liberté et je te ferai une pension pour que tu puisses vivre sans servir. »

Nikita se mit à genoux, baisa la main de son maître, essuya ses yeux du revers de sa main et alla vers ses chevaux pour les dételer et les arranger. Les pauvres bêtes étaient encore tremblantes de la frayeur que leur causaient les hurlements des loups, de la vitesse de leur course et de la violence de leur chute. Pendant que Nikita arrangeait la litière des chevaux avec la paille qui était entassée dans un coin, M. Bogoslafe faisait sortir sa femme et ses enfants de la voiture, dans laquelle ils avaient voulu remonter, s'y croyant plus en sûreté contre les loups.

« Examinez bien cette grange, leur dit-il, et voyez comme elle est solidement bâtie : les loups ont beau gratter et sauter, ils ne peuvent y faire de trou. »

Mme Bogoslafe et ses enfants se laissèrent enfin persuader, et firent le tour de la grange pour s'assurer qu'il n'y avait aucun passage possible pour les loups.

« Combien de temps devrons-nous rester ici? demanda Mme Bogoslafe.

— Je ne sais, répondit le mari; nous ne pourrons sortir avant le départ des loups; j'ignore quelles sont leurs habitudes dans ces occasions. Que penses-tu, Nikita? Combien de temps allons-nous être entourés par les loups?

— Quand ils ont poursuivi des gens qui leur échappent, maître, ils ont l'habitude de ne pas les quitter si promptement. Demain ils seront encore là, à moins qu'ils ne se mettent à la poursuite de quelque autre voyageur qui pourrait être moins heureux, que nous.

— Tu crois, Nikita, que nous devons passer la nuit dans cette grange?

— Oui, maître; je serais bien étonné que les ennemis nous laissassent tranquilles avant demain.

— Et comment allons-nous faire? Hommes et chevaux nous n'avons ni à boire ni à manger.

— Pardon, maître, la nourriture ne manquera pas : j'en ai rempli les deux grands coffres de la voiture; et quant à la boisson, il doit y avoir ici une citerne : on a toujours soin d'en faire une dans ces granges qui doivent servir de refuge contre les loups.

— Mais tes chevaux, que leur donneras-tu?

— D'abord, maître, j'ai un grand sac d'avoine sous le siège, et puis les pauvres bêtes n'ont guère envie de manger, elles ont trop peur. Pour ce qui est du coucher, il ne manque pas de paille dans ce coin. Non, non, nous ne manquerons de rien. »

Les enfants de Mme Bogoslafe finirent par se rassurer un peu; vers le soir ils demandèrent à manger; Nikita tira les provisions de dedans les coffres de la voiture; il étala une couche de paille dans le coin le plus éloigné des chevaux, apporta et plaça à côté des pâtés, des viandes froides, des gâteaux, du vin, de la bière, et tira de l'eau d'une citerne qu'il avait trouvée dans un autre coin du bâtiment.

On se mit par terre sur la paille et on mangea de bon appétit, quoique silencieusement. M. Bogoslafe donna à Nikita le reste des provisions. Il mangea peu et rangea soigneusement ce qui restait.

« Il faut être économe, dit-il, on ne sait jamais ce qui peut arriver. Si les loups s'entêtent à rester près de la grange, il n'y aura pas trop des provisions que nous avons, et même,... qui sait?... »

Quand la nuit fut venue, le nombre des loups semblait avoir augmenté, à en juger par la force de leurs hurlements. M. et Mme Bogoslafe et leurs enfants s'étaient étendus sur la paille en se couvrant de leurs pelisses. Nikita ne se coucha pas; il veilla pour entretenir le feu qu'il avait allumé.

Quand le jour parut, les hurlements des loups diminuèrent. Nikita appliqua une échelle contre le mur pour grimper jusqu'à une des fenêtres et voir s'il restait encore des loups. Il vit avec épouvante que les loups avaient établi leur domicile près de la grange; ils étaient étendus sur la neige de tous côtés; Nikita en compta cent vingt-trois; le reste était caché par les arbres. Le brave homme descendit de son échelle tout triste.

« Eh bien, Nikita, lui dit M. Bogoslafe, tu n'as vu rien de bon, ton visage le dit assez.

— Ils sont là, maître, et ils y resteront.... J'ai quelque chose à vous proposer, maître : c'est une chance à courir.... Il faut sacrifier les chevaux.

— Et à quoi nous servirait ce sacrifice? Huit chevaux ne peuvent apaiser la faim de quatre à cinq cents bêtes féroces. Et comment partirons-nous sans chevaux !

— Vous n'en manquerez pas, maître, si vous voulez m'écouter. Les chevaux ont bien bu et bien mangé, ils sont bien reposés; je les mettrai dehors à coups de fouet; je n'en garderai que deux, vous allez voir pourquoi. Les chevaux, effrayés à la vue des loups, se mettront à courir du côté de la maison, par où nous sommes venus; tous les loups se mettront à leur poursuite; quand ils seront loin, je prendrai le cheval qui sera resté et je courrai à la ville voisine, où je demanderai une escorte et des chevaux pour vous ramener. Si je ne suis pas revenu avec l'escorte à la fin de la journée, alors, maître, vous monterez l'autre cheval et vous aurez, Dieu aidant, une meilleure chance que moi.

— Excellent homme! dit M. Bogoslafe, ton plan est bon, mais tu en seras la victime, et je ne puis accepter ton dévouement : c'est moi qui partirai le premier.

— Non, maître, car c'est là où sera le danger

si les loups ne sont pas tous assez éloignés; il y a toujours des traînards parmi eux. Vous êtes le maître, vous devez rester près de madame et des enfants ; moi je suis le serviteur et je dois chercher à nous sauver tous. D'ailleurs, maître, l'idée est à moi, j'ai le droit de l'exécuter.

— Va, mon brave Nikita, et que Dieu te protège. »

Nikita ôta son chapeau, fit un grand signe de croix, détacha six chevaux, les plaça près de la porte.

« Entr'ouvrez la porte, maître. »

M. Bogoslafe ouvrit la porte suffisamment pour le passage d'un cheval. Nikita donna de grands coups de fouet aux chevaux, qui se précipitèrent dehors; il referma vivement la porte et la barricada. Dès que les chevaux furent dehors, des hurlements s'élevèrent, les loups se précipitèrent de tous côtés sur les chevaux, qui se mirent à courir, comme l'avait prévu Nikita, dans le chemin qu'ils avaient parcouru la veille. Toute la bande hurlante se mit à leur poursuite. Quand on n'entendit plus rien, Nikita sauta sur un des chevaux restants, salua son maître, fit un signe de croix et se dirigea vers la porte.

« Ouvrez, maître! et que le bon Dieu vous bénisse, vous, madame et les enfants. »

M. Bogoslafe fit aussi le signe de croix, ouvrit la porte et la referma sur ce fidèle serviteur qui payerait peut-être de sa vie son dévouement à ses maîtres. M. Bogoslafe écouta, mais n'entendit

Les loups se précipitèrent sur les chevaux.

rien que le galop de cheval, puis quelques hurlements éloignés, puis rien. Deux heures se passèrent dans la plus vive inquiétude. On n'entendit plus aucun bruit; une troisième heure se passa, rien encore.

« Je vais partir dit M. Bogoslafe : notre pauvre Nikita a sans doute été dévoré par les loups.

— Attendez encore, lui dirent sa femme et ses enfants. Une heure encore! »

M. Bogoslafe attendit une heure et se prépara à partir malgré le désespoir et la terreur de sa femme et de ses enfants. Il allait monter à cheval, lorsqu'un bruit étrange l'arrêta. « Encore une bande de loups! » dit-il.

Le bruit approchait. Des hourras, des cris de joie rassurèrent la malheureuse famille, qui devina sans peine que c'était l'escorte amenée par Nikita. « La porte, maître? » cria Nikita d'une voix triomphante.

La porte s'ouvrit; le maître se jeta dans les bras de son serviteur et l'embrassa comme un frère; Nikita était rayonnant. On attela huit chevaux frais et vigoureux à la voiture; la famille Bogoslafe y monta; Nikita prit sa place sur le siège, et la voiture partit au galop, suivie et entourée d'une escorte de deux cents cavaliers.

On arriva sans autre accident chez le vieux grand-père, qui fit distribuer à l'escorte de l'eau-de-vie et de l'argent. Nikita reçut le jour même sa liberté et une somme d'argent considérable. Il demanda à son maître de rester cocher à son service : « Vous êtes un bon maître, dit-il, je suis heureux près de vous. Que ferais-je si je vivais à rien faire? Je m'ennuierais et je ferais peut-être des sottises. »

Nikita resta donc chez M. Bogoslafe jusqu'à sa mort, et y fut traité en ami plus qu'en domestique.

« C'est fini ! dit Léonce en s'essuyant le front. Comme cela fait chaud de raconter des histoires !

PIERRE.

Est-ce que tu l'as inventée?

LÉONCE.

Pas tout à fait; j'ai lu une histoire de ce genre, que j'ai arrangée en la racontant.

ÉLISABETH.

Elle est bien intéressante et bien terrible, comme tu le disais. Mais où sont les ours? Je n'en vois pas un seul.

LÉONCE.

Je crois bien, c'est une autre histoire. Mais celle des loups a été longue, je suis fatigué.

JACQUES.

Mais tu nous la raconteras demain?

LÉONCE.

Oui, si cela ne vous ennuie pas.

CAMILLE.

Comment peux-tu croire cela? Tu racontes si bien !

LÉONCE.

Après moi, c'est le tour de Jeanne.

JEANNE.

Ah bien ! Je ferai comme Henri, je pleurerai.

SOPHIE.

Par exemple! si tout le monde pleure au lieu de raconter, nous n'aurons pas d'histoires.

JEANNE.

C'est trop difficile de raconter; je n'ai rien dans la tête et je ne me souviens de rien d'amusant.

SOPHIE.

Tu feras comme moi, tu conteras une histoire bête.

JEANNE.

On se moquera de moi comme on s'est moqué de toi; crois-tu que ce soit agréable?

SOPHIE.

Tant pis pour ceux qui se moquent. On se venge en se moquant aussi.

JEANNE.

C'est que je ne veux pas me moquer, cela me fait de la peine; je n'ai pas autant d'esprit que toi.

SOPHIE.

Ce qui veut dire que tu es meilleure que moi. Il ne faut pas avoir d'esprit pour se moquer, mais seulement un peu de méchanceté.

MARGUERITE.

Tu es donc méchante, toi?

SOPHIE.

Je crois que oui; demande à Camille.

CAMILLE.

Non, Marguerite, elle n'est pas méchante, mais un peu malicieuse et trop vive.

MARGUERITE.

Eh bien, sais-tu ce que je pense, moi? que c'est

très agréable d'être malicieuse, parce qu'on amuse tout le monde. Sophie est très amusante.

CAMILLE.

C'est vrai, mais elle fait de la peine quelquefois, et il vaut mieux ne pas amuser et ne jamais chagriner personne.

SOPHIE.

Camille a raison : j'ai souvent des remords d'avoir taquiné et peiné mes cousins et cousines, et c'est désagréable d'avoir des remords.

JEANNE.

En quoi est-ce désagréable?

SOPHIE.

Parce qu'on sent qu'on a été méchant; on voudrait demander pardon, et on a honte. On ne sait comment faire, et on est triste.

JEANNE.

Moi, je ne serais pas si bête. Si j'avais fait une méchanceté, je demanderais vite pardon et je ne recommencerais pas.

SOPHIE.

Tu as raison; je tâcherai de le faire une autre fois.

LÉONCE.

Ha! ha! ha! c'est très joli, cela! Tu veux donc être méchante, puisque tu dis qu'une autre fois....

SOPHIE.

Tu m'ennuies, toi, avec tes réflexions. Dis-nous plutôt si les pauvres chevaux lâchés ont été mangés par les loups.

LÉONCE.

Je n'y ai pas pensé; faut-il les faire manger?

JACQUES.

Non, non, ces pauvres bêtes! Il faut les sauver.

LÉONCE.

On ne peut les sauver tous. Il y en a quatre qui sont revenus chez eux, et deux qui ont disparu, ce qui doit faire croire que les loups les ont mangés.

JACQUES.

J'en suis fâché; puisque c'est toi qui composes l'histoire, tu peux bien dire qu'ils sont revenus tous les six.

LÉONCE.

Mais ce serait peu probable. Juge donc, cinq cents loups qui poursuivent six chevaux, il faut bien leur en laisser dévorer deux.

HENRIETTE.

Oh non! oh non! Léonce, je t'en prie, sauve-les tous.

LÉONCE.

Je veux bien. Alors, pour la fin de l'histoire, je dis que les chevaux avaient une telle vigueur, grâce aux soins de Nikita, qu'ils sont parvenus à mettre les loups en fuite en leur cassant la mâchoire par leurs ruades quand ils approchaient de trop près. Et puis j'ajoute encore que deux régiments ont été envoyés contre les loups; qu'ils les ont entourés et fusillés tous, de sorte qu'il n'en est pas resté un seul en vie, et que les corbeaux, les vautours et les éperviers ont dévoré leurs cadavres; ainsi on n'a pas eu à craindre la peste dans le pays. J'espère que tout le monde est content de cette fin si heureuse. »

Les enfants se mirent à rire et attendirent le lendemain avec impatience pour entendre de nouvelles histoires.

## RÉCIT D'HENRIETTE.

On avait décidé dans la journée que ce serait Henriette qui commencerait. Elle s'y résigna de bonne grâce, et, quand on fut réuni, elle commença sans se faire prier et sans paraître contrariée.

« Il y avait une petite fille pas plus grande que le Petit Poucet, et qui s'appelait Poucette; elle était maligne et pleine d'esprit. Sa maman la gâtait à cause de sa petite taille. On ne pouvait pas la punir, car elle était si petite! Un soufflet l'aurait tuée, un coup de bâton aussi; elle était donc plus heureuse que son frère Boursouflé et que sa sœur Joufflue qu'on battait très souvent. Cela faisait de la peine à Poucette, qui les aimait, quoiqu'elle fût très méchante et qu'elle n'aimât pas sa maman : elle cherchait toujours à les secourir quand ils avaient fait une bêtise, et elle était enchantée de jouer des tours à sa maman. Un jour, ils trouvèrent un panier de marrons que leur maman avait ramassés ; ils en remplirent leurs poches, les firent cuire dans la cendre et les mangèrent. Quand ils eurent tout mangé :

« Hélas ! s'écria Joufflue, qu'avons-nous fait ? maman, qui a compté ses marrons, va voir qu'il lui en manque une cinquantaine. Qu'allons-nous faire ? Poucette, viens à notre secours.

— Soyez tranquilles, je vais arranger cela. »

Et Poucette, sautant à terre de dessus son petit fauteuil, qui était haut comme la main, prit une baguette, fit rouler des charbons embrasés jusqu'auprès du panier de marrons, alluma à un des charbons un morceau de papier et mit le feu au panier ; quand tout fut en flammes, Poucette poussa les marrons dans la braise brûlante, et, les voyant tous pétiller et brûler, elle dit à Boursouflé et à Joufflue d'aller le long des haies ramasser du bois mort.

« Vous en rapporterez tant que vous pourrez ; vous ne direz pas que vous êtes rentrés, et maman croira que c'est le feu qui a roulé et qui a brûlé le panier et les marrons.

— Merci, Poucette, merci », crièrent-ils en se sauvant.

Poucette, enchantée d'avoir joué un tour à sa mère, monta dans sa chambre, pour n'avoir pas l'air de savoir l'accident arrivé aux marrons. La mère Frottant ne tarda pas à rentrer ; voyant la cuisine pleine de fumée, elle se mit à crier au feu ; des voisins accoururent et l'aidèrent à jeter quel-

Elle mit le pied au panier.

ques seaux d'eau sur les marrons enflammés et fumants. Tout fut éteint sans peine.

« Comment cela s'est-il fait? dit la mère Futaille.

MÈRE FROTTANT.

Le feu aura roulé sur le panier.

MÈRE FUTAILLE.

Et pourquoi avez-vous mis vos marrons si près du feu?

MÈRE FROTTANT.

Dame! pour les faire sécher, bien sûr, puisqu'ils étaient humides.

MÈRE FUTAILLE.

Ah bien! les voilà bien secs à cette heure.

MÈRE FROTTANT.

Et Poucette! est-ce qu'elle aurait brûlé par hasard!

POUCETTE.

Me voici, maman, je suis dans ma chambre. »

Poucette descendit lestement et fit semblant d'être excessivement désolée de la perte des marrons.

« Où sont Boursouflé et Joufflue? dit la mère en regardant autour d'elle.

— Ils travaillent dehors; ils ne tarderont pas à rentrer pour dîner », répondit Poucette.

En effet, ils revinrent peu de temps après avec une charge de bois qui fit croire à la mère qu'ils avaient travaillé toute la matinée.

Poucette avait la mauvaise habitude de courir après toutes les personnes de la maison qui allaient à la cave, au grenier; souvent on ne la voyait pas à cause de sa petite taille. Bien des fois sa mère le lui avait défendu : mais Poucette se moquait d'elle et n'obéissait pas.

Un jour, elle suivit une servante qui allait sécher le linge au grenier. Quand le linge fut étalé, la servante sortit et ferma la porte.

Voilà Poucette enfermée ; elle crie, elle crie tant qu'elle peut ; mais elle avait une si petite voix que personne ne l'entendait ; pendant qu'elle courait çà et là en criant, un chat entre par la lucarne, la prend pour une souris et s'élance sur elle ; Poucette se sauve ; mais le chat était leste et adroit : il attrape Poucette, lui donne un coup de dent et lui coupe la tête. Les cheveux de Poucette étaient très longs, ils étranglent le chat, qui tombe étouffé près du corps sans tête de Poucette.

Quelques heures après, Boursouflé et Joufflue ne manquèrent pas de faire une sottise qui leur fit appeler Poucette comme d'habitude ; mais Poucette n'arrivait pas. Effrayés de sa longue absence, Boursouflé et Joufflue la cherchèrent partout et montèrent au grenier ; ils virent en entrant le chat mort et Poucette sans vie ; leurs cris furent mieux entendus que ceux de Poucette, car ils étaient perçants et terribles. Tout le monde accourut ; mais que faire ? On ne pouvait refaire une tête à Poucette, ni lui rendre la vie ; alors on fit un petit cercueil, on y mit le corps de Poucette, qu'on enterra, et l'on jeta le chat sur le fumier. Boursouflé et Joufflue furent plus battus que jamais, car ils étaient gourmands, voleurs, menteurs et paresseux, et Poucette n'était plus là pour réparer leurs sottises. Quand ils furent grands, ils se firent voleurs et on leur coupa la tête; de sorte que les trois enfants de la mère Frottant moururent sans tête.

« J'ai fini; je crois que mon histoire est très jolie.

Un chat entra par la lucarne.

J'aurais bien voulu voir Poucette. » Les enfants se mirent à rire.

MARGUERITE.

Comme je voudrais avoir une poupée comme Poucette !

JEANNE.

Pas moi, par exemple, elle me ferait enrager du matin au soir.

HENRIETTE.

Mais vous ne me dites pas si mon histoire est jolie.

CAMILLE.

Très jolie, ma pauvre petite, et tu es bien gentille de l'avoir si bien racontée.

HENRIETTE.

Merci, Camille; mais je voudrais savoir ce qu'en pense Sophie.

SOPHIE.

Pourquoi moi plutôt que les autres?

HENRIETTE

Parce que les autres feraient comme Camille par bonté; mais toi tu diras franchement ce que tu penses.

SOPHIE.

Oh bien!... alors,... tiens, franchement, elle est un peu bête.

HENRIETTE.

Comment? Pourquoi?

SOPHIE.

Parce que Poucette est en même temps bonne et méchante, et qu'elle est punie d'une façon terrible, comme si elle était une scélérate. Parce que Boursouflé et Joufflue ne sont pas punis de leur tromperie envers leur maman. Parce qu'ils se font voleurs on ne sait pourquoi. Parce qu'on ne coupe pas la tête à des voleurs, mais qu'on les met en prison. Enfin, parce que rien dans ton histoire ne mène à rien.

HENRIETTE, *pleurant*.

Tu vois bien que j'avais raison de ne pas vouloir

raconter. Je savais bien que je ne savais pas. C'est votre faute à tous; vous m'avez forcée quand je ne voulais pas.

**JACQUES.**

Sophie, pourquoi fais-tu de la peine à cette pauvre Henriette, qui a fait de son mieux, et dont l'histoire nous a beaucoup amusés?

**SOPHIE.**

Elle m'interroge. Que veux-tu que je fasse? Veux-tu que je mente?

**MADELEINE.**

Non; mais tu pouvais juger moins sévèrement. Moi aussi, l'histoire de Poucette m'a amusée.

— Et moi aussi, moi aussi », dirent Marguerite, Valentine et Jeanne. Camille, Pierre, Léonce et Louis ne disaient rien et restèrent immobiles pendant que les autres entouraient Henriette, la consolaient et l'embrassaient, repoussant Sophie et la traitant de méchante. Sophie les regardait d'un air moqueur, et dit enfin, en levant les épaules :

« Aurez-vous bientôt fini vos simagrées? Est-ce bête de faire tant d'efforts pour consoler Henriette, qui pleure parce qu'elle est vexée de n'avoir pas fait une histoire très spirituelle!

— Méchante! mauvaise! veux-tu te taire? s'écrièrent les enfants avec indignation.

**SOPHIE.**

Demande à Camille, à Léonce, à Pierre et à Louis s'ils trouvent que j'ai tellement tort et que vous ayez si fort raison. »

Jacques se retourna, et, voyant le silence et l'immobilité de ceux dont il estimait l'opinion, il leur demanda qui avait tort, de Sophie ou d'Henriette.

Il y eut un moment d'hésitation. Camille, voyant que personne n'osait dire l'entière vérité, prit la parole.

### CAMILLE.

Je crois que mes cousins trouvent, comme moi, que vous êtes injustes pour Sophie, qui n'a parlé que lorsque Henriette l'y a presque forcée. Son jugement a été sévère, mais juste au fond; et je crois qu'il y a effectivement plus de dépit que de chagrin dans les larmes d'Henriette. En somme, Sophie ne mérite pas votre colère ni vos reproches.

### LÉONCE.

Je pense comme Camille. J'ajoute seulement qu'Henriette ne me semble pas mériter tant de caresses et de consolations.

### PIERRE.

Je dis comme Léonce et comme Camille; Henriette n'avait qu'à ne pas interroger Sophie, si elle ne voulait pas avoir une réponse franche.

### LOUIS.

Et moi aussi, je pense comme eux. Seulement j'aurais mieux aimé que Sophie n'eût pas dit tout ce qu'elle pensait, et qu'elle se fût rappelée qu'Henriette racontait son histoire par complaisance et avec répugnance.

### SOPHIE.

Et moi, je trouve que vous avez tous les quatre très bien jugé, et que j'ai parlé trop rudement, comme je fais toujours. Pardonne-moi, ma petite

Henriette, de t'avoir blessée par mon injuste sévérité ; console-toi par la pensée que ton histoire est beaucoup plus jolie et mieux racontée que ne l'a été la mienne, dont ils se sont tous moqués avec raison. Mais voilà la différence : toi tu pleures, et moi je me bats et je dis des injures. Tu es bonne et douce, et moi méchante et colère. Vois-tu, c'est encore du remords pour moi.

CAMILLE.

Non, ma bonne Sophie, pas de remords, je t'en prie ; car si tu as été un peu rude, tu n'as pas hésité à réparer ta rudesse, et je suis bien sûre qu'Henriette ne t'en veut plus.

— Non, non, Sophie, je t'aime comme avant, je t'assure », dit Henriette en se jetant à son cou.

L'attendrissement gagna tous les coupables, tous se jetèrent au cou de Sophie, qui finit par demander grâce ; car ce qui avait commencé avec un sentiment de tendresse et de justice devint un jeu, et Sophie était écrasée par les bras et les têtes qui l'entouraient, d'abord avec des larmes dans les yeux, avec le sourire aux lèvres, et enfin avec des éclats de rire et des cris de joie.

« Au secours ! criait Sophie, riant elle-même à perdre haleine. A moi, les grands ! à moi, les raisonnables ! »

Les grands répondirent à l'appel ; Camille, Léonce, Pierre et Louis se jetèrent dans la mêlée, et le combat devint sérieux. La quantité était pour l'attaque ; la qualité, c'est-à-dire la force et l'âge, était pour la défense. Les plus jeunes se glissaient dans les jambes, sautaient aux mollets, tiraient par derrière. Les grands forçaient les retranchements, pénétraient jusqu'à Sophie, dont ils se retrouvaient séparés par la masse des petits, qui se coulaient partout. Enfin, Léonce parvint à saisir une main de Sophie, Camille attrapa ses jupes, et, tirant, poussant, riant, criant, aidés de Pierre qui faisait l'avant-garde, de Louis qui était à l'arrière-garde, ils parvinrent à la dégager et à l'emmener en triomphe. Quelqu'un qui serait entré dans le salon en ce moment aurait cru à une bataille sérieuse, tant les cheveux étaient épars, les habits, les robes en désordre : l'un avait perdu sa cravate, l'autre son peigne ; un troisième n'avait plus de boutons à son gilet, une quatrième avait une queue à sa jupe arrachée dans toute sa largeur; celui-ci cherchait son soulier, celle-là son col; tous étaient rouges et suants.

C'est au beau milieu de ce désordre que la porte s'ouvrit et que Mme de Rouville fit entrer de nouveaux voisins, qui étaient venus faire une visite et qui désiraient faire connaissance avec les enfants.

Mme de Rouville fut interdite à l'aspect général des enfants.

« Qu'y a-t-il donc? Qu'arrive-t-il, mes enfants, pour que vous soyez dans cet état? Où est Camille? »

Mme de Rouville espérait que Camille au moins serait présentable. Camille avança, les cheveux épars, une manche déchirée, le visage suant, et fort embarrassée de sa personne.

C'est au beau milieu de ce désordre que la porte s'ouvrit.

« Veuillez excuser, madame, dit Mme de Rouville, le désordre dans lequel se trouvent ces enfants.... Pourquoi êtes-vous comme au sortir d'un combat? ajouta-t-elle en jetant un regard mécontent sur Camille.

CAMILLE.

Nous jouions, maman, à délivrer Sophie d'une bande qui l'entourait, et nous sommes un peu décoiffés.

— Un peu est joli! Décoiffés, déshabillés; vous avez l'air de gamins des rues. Nous vous laissons à vos jeux désordonnés. Quand vous serez présentables, vous viendrez au grand salon. »

Mme de Rouville se retira avec les personnes qu'elle avait amenées; les enfants restèrent un peu confus, puis ils sourirent en se regardant, puis ils rirent à gorge déployée et ils coururent s'arranger chacun chez soi.

Quand la nouvelle voisine, Mme Delmis, fut partie, Mme de Rouville appela les enfants.

« Comment se fait-il, leur dit-elle, que vous ayez joué si brutalement et avec une telle violence? Vous aviez l'air tous de déguenillés et de fous quand j'ai fait entrer Mme Delmis. Les habits déchirés, les visages enflammés, les cheveux hérissés ou épars; le parquet couvert de souliers, de mouchoirs, de lambeaux de vêtements : tout cela vous donnait un aspect si affreux, que j'ai été honteuse de vous et pour vous.

— Maman, dit Camille, nous ne pensions pas que personne entrât dans le salon où nous étions;

nous avions commencé par être très sages et très tranquilles, et puis nous nous sommes animés en défendant et en attaquant Sophie, et vous êtes malheureusement entrée au plus beau moment de la bataille.

MADAME DE ROUVILLE.

De la bataille? Vous vous battiez donc?

CAMILLE.

Une bataille pour rire, maman; les uns tiraient Sophie, les autres voulaient la dégager, et aucun de nous ne voulait céder.

MADAME DE ROUVILLE.

Ce sont des jeux qu'il ne faut pas recommencer, mes enfants; Mme Delmis a dû croire que vous vous battiez tout de bon, et j'en suis fâchée pour vous; elle a deux filles qu'elle m'avait promis d'amener à sa première visite; je crains qu'elle ne veuille pas leur faire faire connaissance avec des enfants qui se battent.

SOPHIE.

Ma tante, dites-lui que c'est ma faute, et que mes cousins et cousines sont bien innocents.

MADAME DE ROUVILLE.

Pourquoi veux-tu que je lui dise un mensonge, ma pauvre Sophie? Tu es trop généreuse.

SOPHIE.

Mais ce n'est pas un mensonge dit tout, ma tante; je ne dis que la vérité! »

Et Sophie raconta à sa tante ce qui était arrivé, et comment, en réparant une sottise, elle avait attendri ses cousins et cousines, qui avaient failli l'étouffer, et comment les autres étaient venus à son secours.

Mme de Rouville sourit, embrassa Sophie et les quitta en leur conseillant des amusements plus calmes. On voulut recommencer les histoires. C'était au tour de Louis; mais, comme il était trop tard, on remit au lendemain.

# LE VOYAGE.

Quand on fut réuni, Louis se plaça dans le fauteuil de celui qui devait raconter.

« Sophie, dit-il, je te prie de ne pas m'interrompre.

SOPHIE.

Sois tranquille, je ne dirai pas un seul petit mot.

LOUIS.
Bon! car si tu parles, je me tais.
SOPHIE.
Ce ne sera peut-être pas un malheur.
LOUIS.
Pourquoi cela, mademoiselle?
SOPHIE.
Parce que nous ne sommes pas sûrs que tu nous amuses.

LOUIS.

Eh bien! bouche tes oreilles, si je t'ennuie.

SOPHIE.

Je préférerais te fermer la bouche.

LOUIS.

Mon Dieu! quel esprit a mademoiselle! Comme mademoiselle est aimable et encourageante!... Je demande qu'on te chasse et qu'on t'empêche de m'écouter.

SOPHIE.

Comment donc, monsieur! mais très volontiers! Je m'en vais avec grand plaisir! J'ai l'honneur de saluer monsieur, qui ne veut pas souffrir une observation, qui ne permet que des applaudissements! »

Sophie fait une grande révérence à Louis, lui donne une chiquenaude sur le nez et se sauve en riant. Louis veut la poursuivre, mais les autres l'arrêtent, lui disant que Sophie est gaie et rieuse et pas méchante; Louis se calme et commence.

« Je vais vous raconter le voyage d'une de mes tantes qui allait en Allemagne et qui avait une forêt à traverser. Une forêt! Quelle forêt! Vous allez voir! Par un temps affreux! Vous allez voir! Et des chemins affreux! Vous allez voir! »

On entend un soupir long et bruyant; les enfants se retournent et voient Sophie, rentrée par une petite porte, qui écoute d'un air malin et qui continue à soupirer.

LOUIS.

Te voilà donc revenue, toi! Pourquoi me déranges-tu? Pourquoi soupires-tu?

SOPHIE.

Je reviens, parce que j'aime à t'entendre. Je ne te dérange pas du tout. Je soupire parce que je crains, avec tout ce que nous avons à voir, que nous n'ayons pas le temps de tout voir ni de rien entendre. »

Louis ne sait pas s'il doit rire ou se fâcher. Camille prend la parole.

« Sophie, tu es réellement trop taquine; je t'assure que ce n'est pas bien.

— Pardon, pardon, Camille; je ne le ferai plus », répond Sophie en riant.

Elle saute au cou de Camille et l'embrasse; elle se retourne en pirouettant vers Louis, l'embrasse aussi, s'élance sur la chaise qu'elle avait quittée, croise les bras, baisse les yeux.

« Parle, dit-elle, parle, je suis muette,... mais pas sourde : je t'entends.

— Tant pis, dit Louis en souriant; j'aimerais mieux que tu fusses sourde : tu ne rirais plus de mon histoire. Je commence. »

Sophie le regarde d'un air malicieux; elle grille de parler, mais elle mord ses lèvres et reste silencieuse et immobile. Louis continue, tout en lui lançant parfois un regard méfiant.

« Ma tante voyageait donc en Allemagne. Elle était pressée d'arriver à Prague, qui était encore à plusieurs journées de route, car dans ce temps on voyageait avec des chevaux : on n'avait pas encore inventé les chemins de fer. On lui avait conseillé de coucher dans une ville dont j'ai oublié le nom, mais elle croyait avoir le temps d'arriver avant la nuit dans une autre ville qui était à dix lieues plus loin. Il avait beaucoup plu depuis quelques jours; les chemins étaient horribles; des ornières, des trous, des pierres! La voiture sautait, penchait à faire croire qu'elle allait tomber; les chevaux allaient au pas, s'arrêtaient à chaque instant. Pour rendre le voyage plus difficile encore, voilà un orage terrible qui commence; le vent souffle avec une telle violence que de tous côtés on entend des branches se briser et tomber; la pluie tombe à torrents, la grêle fouette le nez et le dos des chevaux; le postillon, le domestique sont trempés; le tonnerre commence à gronder; les éclairs se suivent sans interruption; les chevaux refusent d'avancer. Ma tante était désolée d'avoir continué sa route; elle appelle son domestique.

« Fritz, dit-elle, n'y a-t-il pas un village ou une ferme près d'ici, où nous pourrions nous arrêter pour la nuit?

— Je ne sais, madame; je vais demander au postillon. »

Il revint un instant après pour annoncer à ma tante qu'à cent pas plus loin il y avait une auberge habitée par deux hommes et une femme, mais que cette auberge manquait de tout, et qu'on y serait très mal.

« Nous serons toujours mieux qu'ici, sur la grande route, dit ma tante. Tâchez, Fritz, d'y faire arriver nos chevaux, pour que nous y passions la nuit. »

Avec des peines infinies, on parvint à faire avancer les chevaux, et on arriva à la porte de l'auberge. Malgré le bruit que faisaient les gens et les chevaux, personne ne paraissait; la porte restait fermée. On continua d'appeler, de frapper; enfin un homme entr'ouvrit la porte et demanda d'un ton bourru ce qu'on voulait. Le postillon et le domestique expliquèrent ce que demandait ma tante, et déclarèrent à l'aubergiste que s'il ne voulait pas les laisser entrer de bonne grâce, ils entreraient de force. L'aubergiste ne répondit pas et ouvrit la porte; ma tante descendit de voiture avec sa femme de chambre, le postillon dételle les chevaux à l'écurie, Fritz aida la femme de chambre à monter les sacs de nuit et la cassette qui contenait l'argent et les bijoux de ma tante.

L'aubergiste, toujours silencieux, mena ma tante dans une chambre au rez-de-chaussée, où se trouvaient un lit, une table, deux chaises et un buffet.

« Je voudrais avoir une chambre à deux lits, pour que ma femme de chambre couche auprès de moi, dit ma tante.

— Je n'en ai pas, répondit brusquement l'aubergiste.

MA TANTE.

Je veux au moins que ma femme de chambre couche tout près d'ici

L'AUBERGISTE.

On la mettra dans la chambre à côté.

MA TANTE.

Et mon domestique?

L'AUBERGISTE.

Avec le postillon.

MA TANTE.

Est-ce près de ma chambre?

L'AUBERGISTE.

Non; là-bas, aux écuries.

MA TANTE.

Mon Dieu! mais je serai donc seule? »

L'homme la regarda d'une façon singulière, sourit à moitié, et lui dit avec rudesse :

« Est-ce que vous avez peur? Vous craignez pour votre cassette?

— Pas du tout, dit ma tante d'une voix tremblante; je n'ai rien de précieux dans ma cassette. »

L'homme la regarda encore avec un demi-sourire féroce et lui dit :

« Alors, pourquoi l'avez-vous fait monter avec tant de soin?

— C'est... parce qu'elle contient... mes effets de toilette, répliqua ma tante, de plus en plus effrayée.

— Voulez-vous souper? demanda l'homme toujours souriant.

— Oui, non, comme vous voudrez », répondit ma tante, qui ne savait plus ce qu'elle disait.

L'aubergiste sortit; à peine était-il parti que la femme de chambre entra, pâle comme une morte.

« Madame!... madame!... »

Ses dents claquaient tellement qu'elle ne pouvait parler.

« Quoi! qu'avez-vous, Pulchérie? dit ma tante non moins effrayée qu'elle.

— Madame,... nous sommes chez des brigands;... dans ma chambre,... sous le lit,... un homme mort.... un cadavre! »

Ma tante mit son mouchoir sur sa bouche pour étouffer le cri qui allait s'échapper; elle tomba sur un fauteuil.

« Un... cadavre.... Êtes-vous bien sûre?

PULCHÉRIE.

Je l'ai vu, madame,... je l'ai touché,... froid comme un marbre!

MA TANTE.

Ils vont nous égorger... cette nuit....

PULCHÉRIE.

C'est certain.... Comment nous sauver? »

Ma tante se leva, examina la chambre, il n'y avait que la porte d'entrée; elle alla à la fenêtre; on pouvait facilement descendre dans la cour. Ma tante se trouva rassurée.

« Écoutez, Pulchérie : dès que l'aubergiste aura emporté le souper et sera sorti pour ne plus rentrer, j'irai chez vous, et nous nous échapperons par la fenêtre; nous tâcherons de retrouver Fritz et le postillon, et nous partirons dès que les chevaux seront attelés. Chut! je l'entends; n'ayez l'air de rien. »

L'aubergiste entra, parut surpris de voir la femme de chambre, les observa toutes deux attentivement, mais ne dit rien. Il posa sur la table les plats qu'il avait apportés.

Ma tante n'osait pas demander son domestique, tant elle craignait d'irriter l'assassin et de hâter l'exécution du crime auquel elle voulait se soustraire; elle se mit à table comme pour dîner et dit à sa femme de chambre de manger avec elle; ensuite elle demanda une bouteille de bière. L'aubergiste sortit. Ma tante se dépêcha de mettre dans des assiettes de la soupe et de la viande, salit deux couverts et jeta le contenu des assiettes dans un seau qui se trouvait sous le lit.

« C'est pour lui faire croire que nous avons mangé, dit-elle à sa femme de chambre étonnée : il y a peut-être du poison dans tout ceci. »

L'aubergiste rentra apportant une bouteille de bière. Ma tante s'en versa un verre, mais se garda d'y tremper ses lèvres. Quand l'aubergiste fut parti, elle vida la bière dans le même seau où elle avait jeté la soupe et le ragoût.

Bientôt tout fut tranquille dans la maison; Pulchérie s'était retirée dans sa chambre sur l'invitation de l'aubergiste. Ma tante songea à exécuter son projet de fuite, elle voulut ouvrir la porte qui donnait sur le corridor; ses efforts furent vains : elle était fermée à double tour. Plus convaincue que jamais que l'aubergiste ne tarderait pas à venir l'égorger, elle ouvrit la fenêtre sans bruit, descendit lestement à terre et se dirigea vers la fenêtre de Pulchérie; mais elle eut beau frapper au carreau, d'abord doucement, puis plus fort, personne ne répondit, et la fenêtre resta fermée. Que faire, que devenir, seule, à la pluie, au vent? La nuit était

Le corps d'un homme était étendu sous le lit.

noire; elle marcha à tâtons, longeant le mur de l'auberge, et se sentit enfin à l'abri; elle pensa que ce devait être un hangar, et, s'avançant toujours, elle sentit quelque chose de chaud sous sa main. C'était un animal quelconque, un veau sans doute ou une vache. Elle resta près de l'animal inconnu, qui ne devait pas être méchant, puisqu'il ne faisait entendre aucun bruit et ne témoignait aucune contrariété de cette visite inattendue; mais, à un mouvement qu'elle fit, elle entendit un grognement très fort qui la fit reculer de quelques pas.

Peu d'instants après, la lune se leva; ma tante put distinguer les objets et vit avec effroi qu'elle était à deux pas d'un ours attaché au mur par une chaîne, et qui tirait dessus de toutes ses forces pour arriver jusqu'à elle et sans doute pour la dévorer. Sans la peur que lui causait l'aubergiste, elle aurait poussé des cris à éveiller toute la maison; mais, n'osant crier, ne sachant où étaient son domestique, sa femme de chambre et le postillon, elle eut la force de se taire et de ne pas tomber, malgré le tremblement de tout son corps. Elle recula pourtant de quelques pas et se sentit encore arrêtée par quelque chose qui remuait et s'agitait violemment; elle se retourna : c'était un loup dont elle écrasait la queue; heureusement qu'on l'avait muselé, sans quoi ma pauvre tante eût été dévorée. Pour le coup elle perdit tout courage et se mit à pousser des cris lamentables. La porte de la maison resta fermée, personne n'en sortit, mais la porte de l'écurie s'ouvrit; Fritz et le postillon se montrèrent à moitié endormis et demandèrent ce qu'il y avait, pourquoi on criait.

« Fritz, postillon, au secours ! sauvez-moi ! » s'écria ma tante d'une voix étranglée par la peur.

Aidés par la lueur de la lune, Fritz et le postillon approchèrent de ma tante, et furent effrayés à leur tour en entendant les grognements de l'ours et les hurlements du loup.

Ils la prirent et l'emmenèrent à l'écurie, en lui demandant comment elle se trouvait là et ce qui lui était arrivé. Elle leur raconta ce qu'elle avait soupçonné, ce que Pulchérie avait vu, et comment elle avait dû fuir seule, n'ayant pu se faire entendre de Pulchérie.

« Pourvu qu'on ne l'ait pas égorgée, dit-elle. Ils se seront ensuite sauvés avec ma cassette, et c'est pourquoi nous ne voyons ni n'entendons personne. »

Fritz voulut aller à la recherche de Pulchérie, car il partageait les craintes de sa maîtresse ; il lui dit que l'aubergiste n'avait jamais voulu le laisser entrer, sous prétexte que madame ne le voulait pas, parce qu'il était fatigué et mouillé, et qu'il devait se chauffer et se reposer. Mais il eut beau frapper et pousser, la porte était solidement fermée avec des barres et des verrous.

« Cette pauvre Pulchérie ! s'écria ma tante ; c'est affreux, je ne veux pas l'abandonner ; cassons les vitres, entrons comme nous pourrons. »

Fritz n'eut pas de peine à casser un carreau d'une croisée avec son poing ; il passa le bras, tira le verrou de la croisée, la poussa, elle s'ouvrit; Frantz sauta dans la chambre, le postillon le suivit, et ma tante, qui avait peur de rester seule, entra aussi. La lune éclairait parfaitement; on put voir que la chambre était vide; ils ouvrirent une porte, puis une autre, sans trouver personne; dans une troi-

Elle se trouvait entre un ours et un loup. (Page 331.)

sième chambre ils virent des baquets, du linge mouillé qui venait évidemment d'être lavé.

« C'est, dit ma tante, le linge des gens qu'ils ont assassinés. »

Ils montèrent au premier étage, poussèrent une porte; elle était fermée.

« Au secours ! » cria une voix tremblante derrière la porte. C'était la voix de Pulchérie.

« Elle vit encore, dit ma tante, sauvons-la et quittons vite cette maison d'assassins. »

Fritz et le postillon n'eurent pas de peine à en-

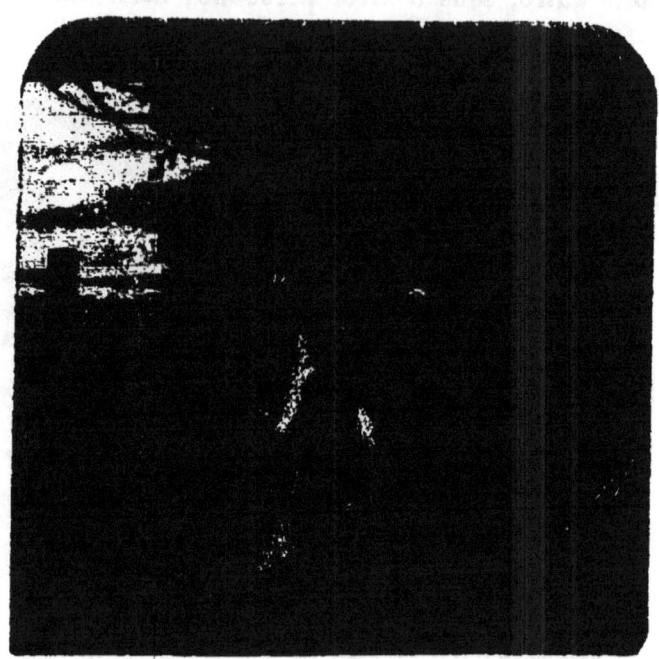

Il eut beau frapper et pousser la porte. (Page 333.)

foncer la porte. Ils trouvèrent Pulchérie tout habillée, pâle comme une morte ; elle suivit sans mot dire ma tante, qui venait de la délivrer si charitablement. Tous descendirent et suivirent Fritz à l'écurie ; les chevaux étaient bien reposés, l'orage avait cessé; mais quand ils voulurent atteler, plus de voiture, on l'avait enlevée. Voilà ma tante plus désolée que jamais.

« Si madame veut bien me permettre de donner un conseil, dit Fritz, nous pourrons tous nous

Elles se mirent en croupe derrière Fritz et le postillon.

sauver. Le postillon et moi, nous monterons chacun un cheval, madame se mettra en croupe derrière moi, et Pulchérie derrière le postillon. Nous irons ainsi jusqu'à Bamberg, où nous ferons notre déposition à la police. »

Ma tante n'avait jamais monté à cheval; cette

manière de voyager en croupe lui faisait une peur affreuse, mais il n'y avait pas d'autre moyen de salut; les assassins pouvaient revenir avec des amis et les égorger tous; elle consentit donc à monter en croupe derrière Fritz. Pulchérie voulut crier, se débattre; ma tante lui dit qu'on la laisserait là si elle faisait perdre du temps avec ses sottes peurs; elle ne se débattit plus et se plaça sur le cheval comme si elle n'avait fait autre chose toute sa vie. On partit au galop, et on arriva au petit jour à Bamberg. Les gens qui les voyaient passer riaient et s'étonnaient de voir une dame en robe de soie et en manteau de velours en croupe derrière un homme en livrée, et suivie d'une autre femme également en croupe derrière un postillon. Au premier groupe qu'ils rencontrèrent, Fritz demanda où il fallait aller pour faire une déclaration de vol et de meurtre. L'étonnement des bonnes gens redoubla, et après quelques interrogations ils indiquèrent une maison qui était sur la grande place. Quand ma tante arriva, Fritz fit garder les chevaux par le postillon, et ils entrèrent tous chez le bourgmeister, auquel ma tante raconta en bon allemand (car elle parlait très bien l'allemand) ce qui lui était arrivé. Pulchérie confirma le récit de sa maîtresse; Fritz dit ce qu'il avait vu avec le postillon. Le bourgmeister parut fort étonné de ce récit; il demanda à ma tante son nom pour faire une enquête.

« La princesse de Guéménée », répondit-elle.

A ce nom illustre, le bourgmeister salua profondément et lui offrit ses services pour tout ce qui lui serait agréable. Ma tante demanda qu'on arrêtât promptement l'assassin et qu'on lui fît retrouver sa cassette et sa voiture.

Le bourgmeister offrit à ma tante une chambre où elle pût se retirer et déjeuner pendant qu'il donnerait ses ordres pour l'enquête. Ma tante le remercia et accepta avec plaisir. Le bourgmeister la mena dans une belle chambre et lui envoya une servante pour recevoir ses ordres. Ma tante se reposa un instant, fit sa toilette, aidée de Pulchérie; ensuite elles déjeunèrent. Elles étaient prêtes à partir quand le bourgmeister vint lui demander de vouloir bien l'accompagner à l'auberge. Ma tante et Pulchérie montèrent en voiture avec le bourgmeister; Fritz et le postillon suivirent à cheval avec l'escorte. Quand on arriva devant cette auberge, ma tante frémit encore au souvenir du danger qu'elle avait couru. Au bruit que fit la voiture avec son escorte, l'aubergiste sortit et offrit des logements.

« C'est lui! c'est lui! s'écria ma tante, arrêtez-le! »

Cinq ou six soldats se précipitèrent sur l'aubergiste, qui leur demanda d'un air étonné pourquoi on l'arrêtait.

« Pour vol et pour meurtre, dit le bourgmeister.

— Vol de quoi et meurtre de qui? demanda l'aubergiste.

— Vol de la cassette et de la voiture de Mme la

princesse de Guéménée, meurtre d'un inconnu dont vous aviez caché le cadavre.

— La cassette de madame est dans sa chambre comme elle l'a laissée; la voiture est rentrée sous la remise. Quant au cadavre, ajouta-t-il avec tristesse, c'était celui de mon père, mort hier matin; il avait désiré être enterré chez lui, à Krasnacht; nous y avons mené son corps cette nuit pour l'enterrer demain; et, comme il pleuvait, j'ai pensé que nous pouvions prendre la voiture de madame sans que personne le sût; j'ai pris nos chevaux, et nous étions revenus au petit jour; à ma grande surprise, je n'ai plus trouvé personne. J'ai bien pensé que ces dames s'étaient effrayées. Ma femme avait mis le corps de mon père sur un matelas, sous le lit que la femme de chambre devait occuper; quand ces dames ont soupé, j'ai deviné à leur air effrayé que la femme de chambre avait vu le corps; c'est pourquoi je l'ai changée de chambre quand elle a quitté sa maîtresse, et j'ai enfermé madame à double tour dans la sienne, de peur qu'elle aussi ne vît le corps de mon pauvre père. »

Ma tante écoutait avec la plus grande surprise et avec quelque honte l'explication si simple de l'aubergiste. Le bourgmeister n'était pas moins étonné.

« Ce que dit cet homme me semble assez naturel, madame la princesse, dit-il en souriant légèrement; mais nous allons savoir s'il dit vrai pour la cassette. Veuillez me faire voir la chambre que vous avez occupée. »

Ma tante l'y mena avec empressement, désirant

presque ne pas trouver sa cassette, tant elle était honteuse de sa fausse accusation et du dérangement qu'elle avait causé au bourgmeister et à toute son escorte.

Quand ils entrèrent, ils trouvèrent la chambre telle que ma tante l'avait laissée; la cassette, les manteaux, la montre, tout y était, rien ne manquait. Ma tante fit mille excuses au bourgmeister, témoigna ses vifs regrets à l'aubergiste et lui donna une forte somme pour lui faire oublier sa fausse accusation. Le bourgmeister demanda à ma tante de vouloir bien monter dans sa voiture pour revenir à Bamberg. Ma tante n'osa refuser, mais elle était si honteuse qu'elle aurait bien préféré être seule avec Pulchérie dans sa berline.

Avant de partir, elle demanda à l'aubergiste comment elle s'était trouvée près d'un ours et d'un loup. L'aubergiste sourit et lui dit que le mauvais temps avait forcé un conducteur d'ours et de loups savants à lui demander un abri pour la nuit, et qu'il avait mis les bêtes féroces sous la remise à la place de la voiture. Tout était expliqué, à la plus grande confusion de ma tante, qui avait pensé que l'ours et le loup étaient là pour manger les corps des gens assassinés par l'aubergiste.

Le bourgmeister rit de si bonne grâce de l'erreur de ma tante, qu'il finit par la mettre à l'aise et qu'elle s'en amusa elle-même par la suite. Elle continua et acheva heureusement son voyage; c'est elle-même qui nous a raconté cette histoire, qui nous a bien amusés.

« Et moi aussi, elle m'a bien amusée, s'écria Sophie en se jetant au cou de Louis et en l'embrassant. Quand tu as commencé, je ne croyais pas que ce serait si bien.

LOUIS.

C'est qu'il fallait me donner le temps de me mettre en train. En commençant, ça ne va pas.

PIERRE.

Mais ça a joliment été après. C'est une des plus jolies histoires que nous avons entendues.

— C'est vrai! c'est vrai! dirent tous les enfants.

MARGUERITE.

Eh bien! Henri, l'exemple de Louis ne te donne pas de courage?

HENRI.

Non, au contraire; je suis sûr que je ne pourrais rien trouver, et je ne chercherai seulement pas.

LÉONCE.

Il faudra bien que tu trouves pourtant, car si tu ne racontes pas, on te chassera de notre société.

CAMILLE.

Ne lui dis pas cela, Léonce, tu lui fais de la peine; ce n'est pas sa faute, s'il n'a pas le don des histoires.

HENRI, *pleurant.*

Je ne veux pas qu'on me chasse.

CAMILLE.

Non, mon cher petit, on ne te chassera pas; c'est Léonce qui invente cela.

SOPHIE.

Il est mauvais, Léonce; il taquine presque toujours.

LÉONCE.

Je te conseille de parler, toi qui ne fais pas autre chose, et qui tout à l'heure encore as tellement taquiné ce pauvre Louis, que je t'aurais claquée si je ne m'étais retenu.

SOPHIE.

Essaye donc de me claquer; tu verras si je sais me défendre.

VALENTINE.

Voyons, Sophie! tu es toujours prête à la bataille.

SOPHIE.

Écoute! moi, je n'aime pas à me laisser écraser!

LÉONCE.

Ecraser! Ah! ah! ah! Ecraser! Qui est-ce qui serait assez hardi pour écraser un si gros morceau? Avec tes grosses joues, tes gros bras, tes grosses jambes?

SOPHIE.

C'est parce que tu es jaloux de mes belles joues, de mes beaux bras et de mes belles jambes que tu dis cela! toi qui es maigre, sec, effilé comme un fil de fer. Tu as l'air d'un faucheux; et moi!...

LÉONCE

Toi, tu as l'air de la grenouille qui s'enfle et qui crève.

SOPHIE.

Ah! ah! Monsieur en colère! Monsieur croit dire des injures! Mais cela m'est bien égal! Tu es furieux, ce qui prouve que j'ai dit vrai.

LÉONCE, *se levant*.

Mes amis, faites-la taire, je vous en prie. Quelle

insupportable fille! Plus désagréable qu'elle n'est grosse! ce qui n'est pas peu dire.

SOPHIE, *se levant aussi.*

Voyons, que veux-tu? Veux-tu boxer? j'y suis. »

Sophie se met en posture pour boxer. Léonce s'élance sur elle, Sophie se sauve en riant et ne revient plus. Léonce se cache près de la porte par laquelle elle est sortie; les enfants rient et attendent. Sophie apparaît, sans faire de bruit, à une autre porte derrière Léonce; elle fait signe aux autres de ne rien dire. Léonce se penche avec précaution pour voir si elle arrive; un petit jet d'eau lui tombe sur la nuque et dans l'oreille. Pendant qu'il se retourne pour voir d'où cela vient, Sophie se sauve précipitamment.

« Qu'est-ce que c'est? qu'est-ce que c'est? dit Léonce avec colère. Qui m'a lancé cela? »

Les enfants rient tous; Léonce cherche dans leurs mains, dans leurs poches, il ne trouve rien et commence à se fâcher. Sophie rentre et dit :

« C'est moi, Léonce, c'est moi; j'ai voulu te rafraîchir le sang en te seringuant un peu d'eau. Tout cela c'est pour rire, vois-tu. Je t'aime beaucoup, tu sais, et quand je te taquine, c'est toujours pour rire, et je ne t'en aime que plus. »

Léonce n'avait pas l'air de trop approuver la plaisanterie de Sophie; mais, comme il était bon garçon, il se décida à en rire, et on ne parla plus que de l'intéressante histoire de Louis.

## LA PÊCHE AUX ÉCREVISSES.

e lendemain, madame de Rouville proposa aux enfants une pêche aux écrevisses. Ils acceptèrent avec des transports de joie.

**ÉLISABETH.**

Il y a longtemps que je désirais pêcher des écrevisses.

**MADELEINE.**

Et il est temps de les pêcher, car l'été finit, et bientôt il fera trop froid.

**JEANNE.**

Ce sera bien joli et bien amusant d'attraper ces petites bêtes rouges.

**HENRIETTE.**

Elles ne sont pas rouges du tout, elles sont grises.

JEANNE.

Ah! par exemple! Où as-tu jamais vu des écrevisses grises? Quelle bêtise! Des écrevisses grises!

HENRIETTE.

J'en ai vu partout, car elles sont toujours grises.

JEANNE.

Et moi, je te dis qu'elles sont rouges; j'en ai assez mangé pour le savoir.

HENRIETTE.

Je vous dis, mademoiselle, qu'elles sont grises avant d'être cuites, quand elles sont vivantes.

JEANNE.

Je vous dis, mademoiselle, que vous ne savez ce que vous dites. Nous allons demander à Camille. Camille, n'est-il pas vrai que les...?

HENRIETTE.

Ce n'est pas comme cela qu'on demande. Camille, les écrevisses sont-elles grises ou rouges?

CAMILLE.

Elles sont grises et rouges : grises quand elles sont en vie, rouges quand elles sont cuites.

JEANNE.

Tu vois bien que j'avais raison.

HENRIETTE.

Comment, toi! c'est moi, au contraire.

JEANNE.

Puisque Camille a dit qu'elles étaient rouges!

HENRIETTE.

Pas du tout; elles étaient grises.

JEANNE.

Camille, n'est-il pas vrai que les écrevisses que

nous avons mangées l'autre jour étaient rouges?
CAMILLE, *riant*.

Certainement, tu le sais bien.
JEANNE.

Tu vois! je t'avais bien dit.
HENRIETTE.

Camille, n'est-ce pas que les écrevisses sont grises?
CAMILLE.

Certainement; vous vous disputez et vous avez raison toutes les deux, puisque les écrevisses vivantes sont grises et qu'elles deviennent rouges en cuisant.
JEANNE.

C'est tout de même moi qui avais raison.
HENRIETTE.

C'est trop fort cela! Si je ne me retenais, je te dirais des sottises.
JEANNE.

Dis toujours; je saurais bien t'en répondre.
HENRIETTE.

Non, je veux me retenir et être douce comme Sophie.
JEANNE.

Douce comme Sophie! C'est comme tes écrevisses grises, cela.
HENRIETTE.

Précisément! Comme mes écrevisses qui sont grises et rouges. Sophie est colère par sa nature et douce par sa volonté. »

Pendant cette discussion on faisait les préparatifs de la pêche; les unes apportaient les pêchettes; les autres y mettaient de petits morceaux de viande crue, d'autres visitaient les ficelles qui attachaient les pêchettes. Quand tout fut prêt, on partit pour commencer la pêche. Il y avait une grande pelouse à traverser; elle descendait en pente douce jusqu'à un petit ruisseau ombragé de saules, de bouleaux et d'aunes. L'eau y était si peu profonde, qu'on pouvait le traverser en se mouillant seulement jusqu'à mi-jambes; elle était si claire, qu'on voyait les cailloux qui tapissaient le fond.

Quand on fut arrivé, chacun s'élança pour jeter les pêchettes dans l'eau. Mme de Rouville les arrêta.

« Vous ne prendrez rien si vous vous précipitez tous à la fois, mes enfants. Et puis vous faites trop de bruit, les écrevisses resteront au fond de leurs trous.

### VALENTINE.

Comment, ma tante, elles sont dans des trous? Je croyais qu'elles nageaient comme les poissons.

### MADAME DE ROUVILLE.

Elles ne se mettent dans l'eau que pour attraper leur nourriture; elles restent habituellement dans des trous formés par des pierres. Maintenant mettez-vous à l'ouvrage; les garçons vont placer les pêchettes sans faire de bruit, les filles prendront les écrevisses qui se trouveront dans les pêchettes quand on les relèvera.

### JEANNE.

Avec quoi les prendrons-nous, ma tante?

MADAME DE ROUVILLE.
Avec vos mains, comme de raison.
HENRIETTE.
Mais elles pincent, elles nous feront mal.
SOPHIE.
Poltronne, va! Je les prendrai bien, moi!
ÉLISABETH.
Oh oui! j'en ai pris bien des fois dans mes mains.
JACQUES.
Il faut seulement les prendre avec précaution par le milieu du corps.
PIERRE.
Commençons!.... Deux pêchettes à l'eau.
LÉONCE.
Et encore deux. »

Ils mettent leurs pêchettes dans le ruisseau, et les autres continuent jusqu'à ce que les douze y soient. Ensuite ils s'asseyent sur l'herbe et attendent quelques instants. Ils tirent leurs pêchettes : celles de Pierre, de Léonce et de Henri ont plusieurs écrevisses; celles de Jacques, d'Arthur et de Louis en ont à peine une ou deux.

Les filles accourent et veulent toutes, à l'exception de Camille et de Madeleine, prendre les écrevisses; pour en avoir davantage, Sophie les prend à poignée dans la pêchette de Léonce; aussitôt après les avoir saisies, elle pousse un grand cri, ouvre la main, les écrevisses retombent dans l'eau.

« Mes écrevisses! s'écrie Léonce.

— Ma main! elles m'ont pincé au sang! s'écrie Sophie.

MADAME DE ROUVILLE.

Voilà ce que c'est que d'être si impatiente et égoïste. Tu as voulu en avoir plus que les autres, et non seulement tu n'as rien, mais tu t'es fait pincer.

SOPHIE, *pleurant.*

Dieu, que cela pince fort! Ma main saigne.

CAMILLE.

Mets ta main dans le ruisseau; la fraîcheur de l'eau te fera du bien. »

Pendant que Sophie baignait sa main, les autres ne perdaient pas leur temps; elles prenaient les écrevisses une à une et les mettaient dans un panier à salade d'où elles ne pouvaient s'échapper. Léonce était très contrarié d'avoir perdu ses écrevisses.

« C'est dommage, dit-il, il y en avait deux qui étaient énormes. Cette Sophie fait toujours des bêtises!

— Nous les retrouverons; j'ai une manière; tu vas voir, dit Jacques en ôtant ses souliers, ses bas, et en retroussant son pantalon.

PIERRE.

Qu'est-ce que tu vas faire?

JACQUES.

Entrer dans le ruisseau et les reprendre à la main.

LOUIS.

Tu vas avoir les pieds gelés.

JACQUES.

Bah! l'eau est tiède par un beau temps comme ça. »

Et Jacques, sautant dans l'eau, se mit à chercher avec ses mains dans les trous et sous les pierres.

JACQUES.

En voici une déjà! Oh! qu'elle est belle!

LÉONCE.

Magnifique! Je crois que c'est la mienne.

JACQUES.

Encore une, deux! »

Les autres garçons, voyant la pêche à la main si bien réussir, firent comme Jacques, et tous barbotèrent dans l'eau. Le bruit qu'ils firent attira l'attention de leurs cousines et de Mme de Rouville.

MADAME DE ROUVILLE.

Mais vous allez vous enrhumer, mes enfants!

HENRI.

Pas de danger, ma tante. L'eau est chaude.

— Moi aussi, je voudrais aller dans l'eau, s'écria Sophie.

MADAME DE ROUVILLE.

Quelle idée tu as! tes jupons seraient trempés!

SOPHIE.

Je les relèverai!

MADAME DE ROUVILLE.

Ce serait joli! Est-ce que les filles peuvent faire comme les garçons! Ramasse les écrevisses avec tes cousines; voici encore des pêchettes qui en ont beaucoup.

SOPHIE.

Non, non, ma tante! Je ne veux plus y toucher.

MADAME DE ROUVILLE.

Tu as tort; parce que tu as fait une bêtise en les

prenant à poignée, cela ne veut pas dire que tu ne puisses y toucher.

SOPHIE.

C'est vrai, ma tante; je vais essayer. »

Elle en prend une avec précaution et la pose dans le panier sans avoir été pincée. Enhardie par ce succès, elle continue à les prendre et finit par ne plus en avoir peur. En peu de temps les enfants en prennent une si grande quantité, que le panier se trouve plein.

PIERRE.

Quelle belle pêche nous avons faite!

JACQUES.

Oui, et en si peu de temps! Il y a deux heures que nous avons commencé.

HENRIETTE.

Tu vois bien, Jeanne, que les écrevisses sont grises.

JEANNE.

C'est vrai; mais tout de même elles deviennent rouges.

HENRIETTE.

Oui, en cuisant.

JEANNE.

Si nous allions voir comment on les cuit?

HENRIETTE.

Oui, ce sera très amusant; je voudrais bien voir comment on les fait mourir. Sais-tu, toi?

JEANNE.

Non; mais je pense qu'on les égorge comme des moutons.

Tous les garçons barbotèrent dans l'eau. (Page 349.)

##### HENRIETTE.

Comment veux-tu qu'on les égorge, puisqu'on ne voit rien à leur cou quand on les sert à table?

##### JEANNE.

C'est vrai! Alors... on les étouffe peut-être.

##### HENRIETTE.

Ce n'est pas facile d'étouffer des écrevisses avec leur grosse écaille dure. Au reste nous allons le savoir, puisque nous les verrons cuire à la cuisine, et tu penses bien qu'avant de les cuire il faut les tuer.

##### JEANNE.

Certainement; je sais bien. »

On ne fut pas longtemps à arriver à la cuisine, et on remit au cuisinier le panier rempli d'écrevisses.

« Allez-vous les tuer tout de suite, Luche? lui dit Jeanne.

##### LUCHE.

Oui, mademoiselle, je vais les faire cuire tout de suite.

##### JEANNE.

Tant mieux, car je voudrais bien voir comment vous les tuez.

##### LUCHE.

Je ne les tue pas, mademoiselle; elles meurent toutes seules.

##### JEANNE.

Et de quoi donc? Est-ce de peur?

##### LUCHE.

Je ne pense pas, mademoiselle : c'est la chaleur qui les étouffe.

HENRIETTE.

Que c'est singulier! Eh bien, qu'est-ce que vous faites? Pourquoi leur tirez-vous la queue?

LUCHE.

C'est pour les vider, pour arracher leurs entrailles, mademoiselle.

HENRIETTE.

Mais vous leur faites mal, à ces pauvres bêtes! C'est méchant, ce que vous faites, Luche.

LUCHE.

Que voulez-vous, mademoiselle? il le faut bien. La queue serait amère si je ne leur ôtais leurs entrailles. »

Tout en causant, Luche préparait le court-bouillon, c'est-à-dire la marmite ou casserole dans laquelle on devait cuire les écrevisses; et les enfants virent avec surprise qu'il les mettait dans la casserole toutes vivantes.

HENRIETTE.

Vous n'allez donc pas les tuer?

LUCHE.

Non, mademoiselle, elles vont mourir en cuisant.

HENRIETTE.

Mais c'est très cruel, cela! c'est abominable! Pourquoi les faites-vous mourir si méchamment?

LUCHE.

C'est toujours comme cela qu'on accommode les écrevisses : il n'y aurait pas moyen de faire autrement. »

Jeanne et Henriette ne voulurent pas assister

jusqu'à la fin au supplice des pauvres écrevisses; elles s'en allèrent raconter à leurs cousins et cousines ce qu'elles venaient de voir.

CAMILLE.

Mais, Jeanne, on fait souffrir toutes les bêtes que nous mangeons; vois les poissons : on leur ouvre le ventre tout vivants, on leur arrache les entrailles, et on les coupe en morceaux; chaque morceau remue encore quand on les met frire. Et les poulets, les moutons, et toutes les autres bêtes, crois-tu qu'elles ne souffrent pas quand on leur coupe le cou?

JEANNE.

C'est vrai ça! Elles souffrent, ces pauvres bêtes.... Je conçois que cela est nécessaire.... Mais ce qui est singulier, c'est que le bon Dieu, qui est bon, permette que les hommes aussi souffrent si souvent.

CAMILLE.

Quand tu seras plus grande, tu le comprendras, et tu verras que cela n'empêche pas le bon Dieu d'être bon.

JEANNE.

Dis-le-moi tout de suite, Camille; je le comprendrai, je t'assure.

CAMILLE.

Eh bien, le bon Dieu permet que les hommes souffrent pour nous faire voir que notre vraie bonne vie n'est pas dans ce monde, et puis pour nous punir du mal que nous faisons tous les jours et continuellement.

JEANNE.

Je comprends très bien,... c'est bien cela; c'est juste; mais tout de même, si j'étais le bon Dieu, je crois que je ferais autrement.

CAMILLE.

Si tu étais le bon Dieu, je te respecterais et je te vénérerais autrement que je ne le fais, parce que tu serais autrement que tu n'es. Mais comme tu n'es que la petite Jeanne, je t'engage à aller rejoindre ta bonne, parce que je vais prendre mes leçons avec maman.

## LE CHIEN.

es enfants s'amusaient un jour sous un grand chêne qui était près de la grande route; les uns descendaient en courant une pente rapide qui se trouvait à côté; d'autres cherchaient à grimper sur les branches du chêne; Jacques et Louis étaient montés très haut et disaient qu'ils voyaient au delà du bois des choses charmantes et très éloignées.

« Un monsieur qui arrive à cheval, s'écria Jacques.

— Suivi d'un beau chien blanc et d'un chien noir, dit Louis.

**VALENTINE.**

Où donc? où est le monsieur? où est le chien?

MADELEINE.

Tu vois bien qu'ils inventent et qu'il n'y a ni monsieur ni chien.

JACQUES.

Tiens, le chien blanc a l'air de vouloir venir de notre côté.

LOUIS.

Certainement! le voilà qui entre dans le bois. »
Valentine court au bois pour mieux voir.

MADELEINE.

C'est pour t'attraper qu'ils disent cela; ils veulent s'amuser de nous, mais nous ne les croyons pas. »

A peine avait-elle dit ces mots, qu'un beau chien épagneul blanc sortit du bois et s'approcha des enfants.

« C'est pourtant vrai, dit Madeleine; voilà le chien blanc.

ÉLISABETH.

Pourquoi donc reste-t-il à nous regarder, au lieu de suivre son maître? »

Le chien se coucha à leurs pieds.

MADELEINE.

Qu'est-ce qu'il fait donc? Le voilà qui se couche, au lieu de rejoindre son maître, qui va s'éloigner.

VALENTINE.

Jacques, vois-tu le maître du chien?

JACQUES.

Oui, je le vois, mais à peine; il est déjà très loin avec son autre chien tout noir.

ÉLISABETH.

C'est drôle, cela. Mais ce pauvre chien va être perdu.

LÉONCE.

Oh! que non! les chiens retrouvent la trace de

Jacques et Louis étaient montés sur un chêne.

leurs maîtres à dix et vingt lieues. »

Le chien restait toujours couché; quand les enfants s'approchaient et le caressaient, il remuait la queue, leur léchait la main et avait l'air content.

Quand les enfants voulurent s'en aller pour rentrer à la maison, le chien se leva et les suivit à leur grande joie. Ils l'amenèrent ainsi jusqu'à la maison, et ils demandèrent à leurs parents la permission de le garder.

« Gardez-le tant que vous voudrez, mes enfants, dirent les parents, puisque c'est lui-même qui vous a choisis pour ses maîtres. C'est un beau chien ! Quelle belle queue !

CAMILLE.

Et quelles oreilles soyeuses, et quels beaux poils !

MADAME DE ROUVILLE.

C'est singulier qu'il ait ainsi quitté son maître.

JACQUES.

Et je ne comprends pas comment il a su que nous étions là, et pourquoi il est venu près de nous. Je l'ai aperçu quand je suis monté au haut du grand chêne. Il suivait le cheval de son maître, qui a caressé un autre chien noir : alors le blanc s'est arrêté, a levé le nez comme s'il voulait sentir quelque chose dans l'air, puis il est entré dans le bois et il est venu à nous.

PIERRE.

Comment l'appellerons-nous ?

ÉLISABETH.

Ce ne sera toujours pas Fidèle, puisqu'il a été infidèle à son maître.

LÉONCE.

Ah ! tu fais des calembours ! appelons-le Caprice, car c'est vraiment par caprice qu'il est venu avec nous.

— Très bien ! s'écrièrent les enfants ; Caprice est son nom. »

Le chien, malgré son nouveau nom, restait fidèle à ses jeunes maîtres, et ne permettait à aucun autre chien de les approcher. Les enfants remarquaient avec surprise la haine qu'il témoignait à tous les chiens ; quand il en voyait un qui paraissait vouloir faire connaissance avec lui, ses yeux flamboyaient, ses poils se hérissaient, il était prêt à se jeter sur le nouveau venu, qui s'enfuyait prudemment pour éviter les dents de Caprice.

Il y avait près d'un mois qu'il vivait paisiblement au milieu des enfants, lorsque, dans une promenade qu'ils faisaient sur la grande route, ils virent arriver un monsieur à cheval suivi d'un chien noir. Le monsieur s'arrêta à quelque distance des enfants, descendit de cheval et s'approcha d'eux.

« C'est le maître de Caprice ! s'écria Jacques.

VALENTINE.

Ah ! mon Dieu, il va nous le prendre !

HENRI.

Tâchons de nous sauver.

PIERRE.

C'est impossible ! Il nous a vus ; le voici qui avance.

— Messieurs et Mesdemoiselles, dit le monsieur en saluant très poliment, pardon si je vous dérange, mais je crois que vous avez un chien qui est à moi et que j'avais perdu depuis quelque temps ; je viens vous demander la permission de le reprendre.

VALENTINE.

Oh non ! non, monsieur ; je vous en prie, laissez-nous Caprice ; il nous aime tant ! il est si bon !

— Ah! vous l'avez appelé Caprice, reprit le monsieur en souriant; c'est bien nommé; je regrette de vous chagriner, ma gentille demoiselle, mais il faut que je remmène mon chien; j'en ai besoin pour les chasses qui vont commencer. Ici, Brillant! ici! » cria le monsieur d'une voix impérieuse et dure.

Brillant ne bougeait pas; il restait effrayé et tremblant derrière Camille et Madeleine, en les regardant avec tendresse et chagrin. Il avait l'air de leur dire :

« Mes chères petites maîtresses que j'ai choisies, protégez-moi contre ce méchant maître, qui me traite mal et que je n'aime pas. »

Camille, attendrie par le regard suppliant du pauvre chien, avança vers le monsieur et se hasarda à lui dire :

« Monsieur, nous savons bien que vous avez le droit d'emmener Caprice, puisqu'il est à vous; mais nous vous prions tous de ne pas nous en séparer, car il nous a choisis pour maîtres, il nous aime et nous l'aimons; ce sera un grand chagrin pour nous de ne plus l'avoir.

— Ma chère demoiselle, reprit le monsieur après quelques instants d'hésitation, ce chien n'a pas son pareil pour chasser; sans lui je n'ai plus de plaisir à la chasse; il faut que je l'emmène à quinze lieues d'ici, chez mon frère qui m'attend. »

En finissant ces mots, le monsieur salua poliment, s'approcha de Brillant, lui attacha une corde au cou et voulut l'emmener. Mais le chien résista de

« Permettez que je reprenne mon chien. » (Page 361.)

toutes ses forces; il ne voulait pas avancer, il se faisait traîner, il se débattait en hurlant plaintivement et en regardant les enfants comme pour implorer leur secours. Les enfants, obligés de céder, étaient très affligés de perdre Caprice : les uns se détournaient pour ne pas voir la lutte du chien et du maître; les autres regardaient avec les yeux pleins de larmes. Le maître, voyant ses efforts inutiles pour se faire suivre de Brillant, tira de sa poche un fouet de chasse et lui en donna plusieurs coups; le pauvre Brillant hurla, gémit, jeta sur les enfants un dernier regard d'adieu et suivit son ancien maître, non sans se faire tirer assez fortement; quelques coups de fouet le firent marcher plus vite. Le monsieur remonta à cheval et partit au trot; les enfants restèrent consternés.

« Méchant homme! s'écria Valentine.

SOPHIE.

Vous auriez tous dû vous jeter sur lui et le chasser.

PIERRE.

Nous ne le pouvions pas. Il avait le droit de reprendre un chien qui lui appartenait; d'ailleurs il était le plus fort et nous n'aurions réussi qu'à faire maltraiter ce pauvre Caprice, qui ne se souciait pas du tout de retourner avec son ancien maître.

JACQUES.

Pauvre Caprice! comme il va être malheureux avec ce méchant homme! »

Les enfants eurent beau se lamenter, il fallut bien qu'ils se résignassent à perdre ce chien auquel ils s'étaient attachés et qui avait l'air de tant les aimer.

Ils apprirent par un garde voisin que le maître, qui s'appelait M. Fonnebot, avait enchaîné Caprice, qu'il le menait promener en laisse et lui faisait une vie très malheureuse.

Il y avait trois semaines que Caprice leur avait été enlevé, lorsqu'un ami de M. de Rouville offrit aux enfants un très joli chien caniche avec de belles soies blanches. Ils l'acceptèrent avec plaisir, et dès le lendemain le caniche Follet fut installé dans la maison; il ne remplaçait pas Caprice, dont il n'avait pas les rares qualités, mais il suivait les enfants partout, et les amusait par ses mouvements lourds et maladroits.

Un jour on était à table; Follet jappait, s'impatientait pour avoir à manger, lorsque la porte fut poussée, et Caprice se précipita joyeusement vers les enfants. Il avait encore au cou un morceau de sa chaîne qu'il avait réussi à casser, et sa maigreur prouvait combien il avait souffert depuis trois semaines ou un mois. Il avait l'air heureux de se retrouver avec ses amis; il allait de l'un à l'autre, leur faisait mille caresses, lorsque tout à coup il aperçoit Follet. Il s'arrête comme frappé de stupeur; il regarde les enfants d'un air de reproche; toute sa joie disparaît; il pousse un hurlement plaintif, va lécher la main de chacun des enfants et, sans rien écouter, il reprend le chemin de la porte, laissée ouverte. Les enfants le suivent, l'appellent, Caprice se retourne, s'arrête, paraît indécis, lorsque

Il prit son fouet de chasse. (Page 365.)

le gros pataud de Follet accourt également et saute autour des enfants. A l'aspect de son rival, Caprice reprend sa course et disparaît pour ne plus revenir. Il avait fait en courant dix lieues pour rejoindre ses chers petits maîtres. En arrivant, il avait trouvé un autre chien installé à sa place. Son caractère jaloux ne lui permit pas de supporter un rival; il s'affligea de ce qu'il croyait être l'ingratitude de ses

Follet et Caprice.

maîtres et il retourna prendre sa chaîne et sa triste existence. Les enfants apprirent qu'il était mort peu de temps après; il passait son temps à hurler lamentablement, et il mourut dans un état de maigreur effrayant. Il fut très regretté et pleuré par les enfants, qui ne voulurent plus garder Follet.

« C'est lui, disaient-ils, qui est la cause de la fuite et du chagrin de notre pauvre Caprice. Va-t'en; nous ne voulons pas de toi. »

Follet, un peu bête, ne comprenait pas bien ce que lui disait Léonce et voulait rentrer dans la maison; mais quelques coups de baguette lui firent comprendre qu'il ferait sagement de s'en aller.

Le beau temps était fini, l'hiver approchait : la campagne n'était plus agréable à habiter; chacun se préparait à retourner à Paris. Mme de Rouville faisait ses visites d'adieu dans le voisinage, Camille l'accompagnait. Elles arrivèrent chez une voisine de campagne qui avait un fils et une fille. Pendant que la mère causait avec Mme de Rouville, Camille s'amusait comme elle pouvait avec la fille et le garçon, âgés de douze et quatorze ans.

« Que je voudrais aller à Paris! s'écria Innocent; maman n'y va jamais.

— Et moi donc! que ne donnerais-je pas pour passer un hiver à Paris! dit sa sœur Simplicie.

CAMILLE.

Paris n'est pas si amusant que vous le pensez! vous y regretteriez souvent la campagne. Quant à moi, j'aimerais mieux passer toute l'année à la campagne qu'à Paris.

INNOCENT.

Oh! mademoiselle! est-il possible! Comment pouvez-vous dire cela? Ce n'est pas croyable.

CAMILLE

Je vous assure que si vous passiez un hiver à Paris, vous ne le trouveriez pas si agréable.

SIMPLICIE

Et moi, mademoiselle, je vous assure que si vous

passiez un hiver à la campagne, vous la trouveriez insupportable.

**CAMILLE.**

J'y en ai passé plusieurs, et je m'y suis trouvée très heureuse.

**INNOCENT.**

Vous, mademoiselle, vous qui paraissez avoir tant d'esprit, vous vous plaisez à la campagne!

**CAMILLE.**

Beaucoup, monsieur; j'ai sans doute l'esprit trop borné pour en sentir les ennuis; mais je répète que je me trouve toujours plus agréablement à la campagne qu'à Paris.

**SIMPLICIE.**

Mais on dit qu'on s'amuse tant à Paris! L'Hippodrome, le Jardin des Plantes, le bois de Boulogne, les boulevards garnis de boutiques éclairées toute la nuit, les faiseurs de tours de force, les chevaux tournants et tant d'autres choses qu'on ne trouve qu'à Paris!

**CAMILLE.**

Et la boue, et les voitures qui vous éclaboussent, qui vous écrasent, et les gens qui vous coudoient, et les brouillards qui vous aveuglent, et l'ennui de ne pas voir les personnes qu'on aime le plus, et tant d'autres désagréments qu'on ne trouve pas à la campagne.

**INNOCENT.**

On peut toujours voir ceux qu'on aime en allant chez eux.

###### CAMILLE.

On y va, mais on ne les trouve pas; ils viennent chez vous, vous êtes sorti.

###### INNOCENT.

Malgré tout, mademoiselle, j'espère, si nous allons cet hiver à Paris, avoir le plaisir de vous voir chez vous et chez nous.

###### CAMILLE.

Vous pouvez toujours essayer; ce sera une manière comme une autre de vous promener et de passer le temps.

###### SIMPLICIE.

Je voudrais bien, Camille, que vous me donnassiez l'adresse de vos cousins et cousines à Paris; nous irons les voir.

###### CAMILLE.

Très volontiers : je vous la donnerai la première fois que nous nous rencontrerons à Paris. »

La conversation continua ainsi pendant tout le temps que dura la visite de Mme de Rouville, ce qui ennuya beaucoup Camille ; mais elle était trop bonne pour le laisser paraître, et quand elle partit, Innocent et Simplicie trouvèrent qu'elle avait été charmante.

« Comme elle a l'air bon et aimable! dit Simplicie.

###### INNOCENT.

Oui; ce n'est pas comme toi, avec ton air maussade et pimbêche.

###### SIMPLICIE.

Maussade toi-même, avec ta tournure de grand vaurien et tes manières de singe.

INNOCENT.

Mlle Camille n'aurait jamais dit les sottises que tu dis, toi, à la journée.

SIMPLICIE.

Je n'en dis pas; et si j'en disais, ce serait pour faire comme toi, mon aîné de deux ans.

INNOCENT.

Tu oublies qu'en qualité d'aîné je suis aussi le plus fort, et que, si je voulais te donner une gifle, elle serait bonne.

SIMPLICIE.

Une gifle! Comme c'est parlé, ça!

INNOCENT.

Et comment dirais-tu, toi, fille prétentieuse et bête?

SIMPLICIE.

Je ne dirais pas, mais je ferais. Tiens, comme cela, vois-tu? »

Et Simplicie, joignant l'action à la parole, donna à son frère un soufflet qui retentit comme une batte sur du linge mouillé. Innocent riposta par un coup de poing qui jeta Simplicie par terre. Pendant qu'elle se relevait, Innocent disparut majestueusement, mais promptement, pour éviter une seconde démonstration de la force et de l'agilité de sa sœur.

Pendant qu'ils se disputaient et se battaient, Camille racontait à sa maman la conversation qu'elle avait eue avec Innocent et Simplicie.

« J'étais si ennuyée de ce qu'ils me disaient, maman, que j'avais toujours peur de leur répondre quelque chose de pas bien, de pas aimable. J'ai été bien contente quand vous vous êtes levée pour partir.

— J'espère bien qu'ils ne viendront pas à Paris et que nous ne les verrons pas; je n'aime pas à voir des gens prétentieux et qui ne pensent qu'à s'amuser. Comme si l'on n'avait pas à faire autre chose que de s'amuser! »

Quand tout le monde fut rentré, les enfants se racontèrent ce qu'ils avaient vu dans leurs visites. Camille ne disait pas grand'chose et répondait avec hésitation aux questions que lui adressaient ses cousins et cousines.

SOPHIE.

Mais parle donc, Camille; tu ne nous racontes rien.

CAMILLE.

C'est que je n'ai rien à dire, c'est pour cela que je me tais.

SOPHIE.

Ce qui signifie que tu n'as rien de bon à dire, et que, pour ne pas dire de mal, tu aimes mieux être ennuyeuse.

JACQUES.

Camille n'est pas du tout ennuyeuse; je ne vois pas où tu prends cela.

SOPHIE.

Je prends cela dans ma sagesse, car tu sauras que Sophie veut dire « sagesse. »

VALENTINE.

Dans quelle langue, donc?

SOPHIE.

En grec, mademoiselle l'ignorante.

VALENTINE

Je ne suis pas obligée de savoir le grec, mademoiselle la savante.

LÉONCE.

Ne vas-tu pas faire la pédante, maintenant, et nous faire croire que tu sais le grec?

SOPHIE.

J'en sais toujours plus que toi, imbécile.

LÉONCE.

Pas si imbécile que je ne puisse voir que tu es une sotte.

CAMILLE.

Mes amis, ne vous disputez pas, je vous en prie. Si Mlle Simplicie et M. Innocent vous entendaient, ils perdraient leur haute opinion des gens de Paris.

ÉLISABETH.

Ah! que croient-ils de nous autres Parisiens?

CAMILLE.

Ils croient que nous sommes les plus heureuses gens du monde...

PIERRE.

Hem! ils ne se trompent pas de beaucoup.

CAMILLE.

C'est vrai; mais ils trouvent que notre bonheur est de passer l'hiver à Paris.

ÉLISABETH.

J'aimerais bien mieux le passer à la campagne, tous ensemble comme nous sommes ici.

LÉONCE.

Moi aussi, à la condition qu'on attacherait la langue de Sophie.

SOPHIE.

Celui qui attachera ma langue sera bien habile.

PIERRE.

Aussi ne se présentera-t-il personne pour l'essayer.

SOPHIE.

Et l'on fera bien, car je ne me laisserais pas faire; je ne suis pas un agneau.

LÉONCE.

Oh! tu n'as pas besoin de le dire; cela se voit sans lunettes.

SOPHIE.

Comme tes défauts... et tes bonnes qualités, ajouta-t-elle après un instant de réflexion.

MADELEINE.

Bien, Sophie! Tu as bien fini après avoir mal commencé. N'est-ce pas, Léonce?

LÉONCE.

C'est vrai. Je suis battu par la fin de la phrase, qui est agréable et généreuse. Elle a du bon tout de même, cette Sophie!

SOPHIE.

Parce que je t'ai dit quelque chose de flatteur?

LÉONCE.

Mais non; c'est la vérité.

CAMILLE.

En résumé, mes chers amis, vous ferez connais-

sance cet hiver avec Mlle Simplicie et M. Innocent Gargilier; ils m'ont demandé vos adresses à tous.
MADELEINE.
J'espère que tu ne les as pas données?
CAMILLE.
Non, non! Seulement je les ai promises à notre première rencontre à Paris.
ÉLISABETH.
Qui n'arrivera jamais, j'espère.
CAMILLE.
Peut-être! et peut-être aussi nos voisins de campagne gagneront-ils à un hiver passé à Paris.
ÉLISABETH.
Que veux-tu qu'ils gagnent?
CAMILLE.
Du bon sens, de la sagesse, pour être semblables à Sophie.
SOPHIE.
Ah! toi aussi, bonne Camille, tu te moques de moi! Mais je te prie de remarquer que j'ai parlé de mon nom et pas de ma personne.
CAMILLE.
Je croyais les deux fondus dans un. »

Les enfants continuèrent à se faire part de leurs observations pendant leurs visites de la matinée. Peu de jours après, ils quittèrent tous la campagne et se dispersèrent dans Paris, chacun chez soi. Malgré la difficulté de s'y rencontrer, il n'est pas dit que nous ne puissions les retrouver en nous mettant de la suite de Simplicie et d'Innocent. Ils partent aussi pour Paris. Fermons le livre et partons avec eux. Nous nous amuserons peut être-plus qu'ils ne le voudraient des aventures dont ils seront victimes et dont je vous raconterai tout ce que je pourrai découvrir.

# TABLE DES MATIÈRES

|  | Pages. |
|---|---|
| À MES PETITS-ENFANTS | 1 |
| Une mauvaise plaisanterie | 3 |
| Le 1ᵉʳ avril | 11 |
| La soirée du poisson d'avril | 31 |
| Moyen nouveau pour teindre en noir un mouton | 41 |
| Le mauvais conseil | 59 |
| La leçon | 79 |
| Mina | 91 |
| La campagne; les marrons | 105 |
| La récompense | 127 |
| La souricière | 135 |
| Esbrouffe, Lamalice et la souris | 149 |
| Esbrouffe, Lamalice et la souris (suite) | 167 |
| Les Chinois | 205 |
| Le petit voleur | 219 |
| Le cochon ivre mort | 231 |
| Visite aux singes | 251 |
| La fée Prodigue et la fée Donsens | 267 |

## TABLE DES MATIÈRES

|  | Pages. |
|---|---|
| Les loups et les ours | 281 |
| Récit d'Henriette | 301 |
| Le voyage | 319 |
| La pêche aux écrevisses | 343 |
| Le chien | 357 |

32653. — Imp. A. Lahure, rue de Fleurus, 9, à Paris.

www.ingramcontent.com/pod-product-compliance
Lightning Source LLC
Chambersburg PA
CBHW060616170426
43201CB00009B/1041